LE
Maréchal de Camp du Génie
LAMY
(1781-1839)

NOTICE

Armes anciennes de la famille Lamy, mentionnées dans les Registres de la Chambre de Réformation de la noblesse de Bretagne (9 juin 1670)

(Arch. départ. d'Ille-et-Vilaine).

Armes accordées par l'Empereur Napoléon Iᵉʳ suivant brevet du 20 février 1812, à Armand-François Lamy alors Major au Corps Impérial du Génie.

(Archives Nationales).

ÉVREUX

IMPRIMERIE DE L'EURE

1903

Général Lamy, 1781-1839

LE

Maréchal de Camp du Génie

LAMY

(1781-1839)

—

NOTICE

—

Armes anciennes de la famille Lamy, mentionnées dans les Registres de la Chambre de Réformation de la noblesse de Bretagne (9 juin 1670).

(Arch. départ. d'Ille-et-Vilaine).

Armes accordées par l'Empereur Napoléon Ier suivant brevet du 20 février 1812, à Armand-François Lamy alors Major au Corps Impérial du Génie.

(Archives Nationales).

ÉVREUX

IMPRIMERIE DE L'EURE

—

1903

A mes petits-fils,

En avril 1901 je feuilletais les papiers laissés par ma mère. Je découvris un cahier plié dans une enveloppe qui avait échappé à mon attention : c'était un travail sur la vie de mon grand-père, le Général Lamy, d'après la notice nécrologique du Général Dartois, des renseignements fournis par le Ministre de la Guerre et le Général comte Paulin, camarade de promotion de mon grand-père. En 1865, ma mère avait commencé des recherches, je résolus de les continuer et ma tante, Mme de Lapointe, m'y encouragea en m'aidant de ses souvenirs. Ma chère et vénérée mère a tout le mérite de ce travail, que je n'ai fait qu'augmenter. Puisse-t-il inspirer à mes petits-fils le désir de suivre les traces de leur aïeul dans la voie de l'étude, du devoir et du dévouement à la France.

Suzanne CHAMPY.

1902

LE MARÉCHAL DE CAMP DU GÉNIE

LAMY

Armand-François Lamy est né le 15 février 1781, à Rennes. Il était le fils de Jean-François-Charles Lamy, Escuyer Major d'Infanterie, Chevalier de Saint-Louis, Conseiller secrétaire du Roi, en la Chancellerie près le Parlement de Bretagne (1), et de Etiennette-Louise Petit. Du côté paternel il était petit-fils de François Lamy, sieur des Closneufs, et de Marie-Anne-Thérèse de Bellegarde. La propriété des Closneufs, commune de Coglu, arrondissement de Fougère, devait être le berceau de la famille. Du côté maternel, il était petit-fils de M. et Mme Petit, propriétaires à l'Ile-de-France. Le 19 décembre 1749, Mme Petit, devançant le départ de son mari pour un voyage en France, s'embarqua avec ses enfants. Elle fit naufrage et, après beaucoup d'épreuves, arriva en France en 1750. Mme Petit écrivit le récit du naufrage (2).

Une de ses filles, Etiennette-Louise Petit, née en mai 1747, épousa, en septembre 1770, Jean-François-

---

(1) Cet office a été acquis le 1er octobre 1782, de dame Sengstack, veuve de l'écuyer Dominique Deurbrouk. M. Lamy fut pourvu de cet office le 30 octobre et reçu, en la Chancellerie, le 16 novembre 1782.

(2) Voir à la fin de cette notice.

Charles Lamy, Escuyer-Major d'infanterie (1). Elle eut une fille le 21 avril 1763; baptisée le 21 avril en l'église de Saint-Sauveur à Rennes. Marie-Françoise Lamy, mariée à Jean-Baptiste-Prosper Charil des Masures, le 9 Frimaire An IV.

Douée de beaucoup d'intelligence et d'énergie, Mme Lamy partit seule pour l'Ile-de-France, où les biens de ses parents étaient dilapidés; la santé de son mari étant chancelante, elle partit à son insu, pour lui éviter la fatigue d'un pareil voyage. Elle parvint à liquider les biens, au bout de plusieurs années et revint en Bretagne en 1780.

Son fils naquit le 15 février 1781. Après le mariage de sa fille, Mme Lamy se consacra à l'éducation de son fils et vint à Paris pour la préparation à l'école polytechnique où il entra le 15 Nivôse de l'An VII (4 janvier 1799). Il passa lieutenant le 1er Nivôse An X le 7me sur 18.

Mme Lamy avait une sœur née en 1753 qui devint Supérieure des Dames de Saint-Thomas de Villeneuve à Noyon et y mourut en grande vénération, âgée de 81 ans, en 1834 (28 janvier) (2). Mme Lamy faisait un long séjour chaque année près de sa sœur, au couvent de Noyon, ainsi que le prouve une correspondance soigneusement conservée; elle prenait intérêt à tout ce qui touchait son fils et le général, au milieu de ses travaux, de ses voyages,

---

(1) Contrat de mariage entre J.-F.-Ch. Lamy et demoiselle Etiennette-Louise Petit, du 24 septembre 1770.:

« Devant les notaires du Roy de l'Isle-de-France soussignés, furent « présents : J.-F.-Ch. Lamy, Major d'Infanterie, Commandant de « quartier, à la Montagne longue, paroisse Saint-François, fils de « François Lamy et de dame Marie-Anne de Bellegarde, de la ville de « Rennes, et de Jean-Baptiste Petit, habitant de l'isle, stipulant pour « d^{elle} Etiennette Petit, sa fille, en présence de demoiselles Laurence « et Félicité Petit, sœurs de la future épouse, et de dame Marguerite « Vincent, tante maternelle de la future épouse (suivent les conven-« tions). Signé : Auffray de Loustau : Contresigné, Foucault, Conseiller « du Roy aux Isles-de-France et de Bourbon. »

(2) Voir la lettre de Mme la Supérieure des Dames de Saint-Thomas, 23 octobre 1901.

lui écrivait avec la plus vive affection, elle vivait chez lui lorsqu'il fut nommé à Paris, et mourut chez sa petite-fille, Mme Maurice, rue d'Estrées, n° 1, le 3 avril 1837, à Rennes.

Sorti de l'École Polytechnique au mois de décembre 1800, Armand Lamy entra dans le corps du Génie, employé d'abord dans la place du Havre, il fut en 1803 envoyé à Flessingue qui était alors en état de siège; il y dirigea une partie des travaux de défense. Nommé commandant du Génie à la division Boudet il resta au camp d'Utrecht jusqu'en 1805. Mais bientôt l'armée de Hollande devint le deuxième corps de la Grande Armée d'Allemagne. Attaché au quartier général du maréchal Marmont, commandant de ce corps, le Capitaine Lamy prit part à l'investissement d'Ulm, il reconnut, de jour la place, à demi-portée de fusil, et, lors de l'attaque de vive force tentée contre quelques ouvrages extérieurs, ce fut lui qui pénétra le premier dans la tête de pont. Cette campagne fut couronnée par la bataille d'Austerlitz, à laquelle il assista.

Le 1er juillet 1805, le Capitaine Lamy suivit en Dalmatie le corps d'armée auquel il appartenait, au mois d'août suivant, il prit part à l'expédition de la Ponta d'Ostro, et en février 1807, à celle de Courcella. Envoyé vers le milieu de la même année en mission extraordinaire en Turquie avec quelques officiers d'élite de diverses armes, il fut ensuite attaché à l'ambassade du Général Gardanne qu'il suivit en Perse.

La Russie était en guerre avec la Perse depuis 1803. Le Schah cherchait un allié. Il pensa à Napoléon. Les préliminaires de l'alliance entre la France et la Perse furent très longs. L'Empereur envoya d'abord en mission auprès du Schah de Perse le savant Jaubert, orientaliste distingué, c'était en 1805, Jaubert devait conclure un traité d'alliance contre les Russes et contre les Anglais. La mission fut périlleuse. Jaubert rejoignit Napoléon à Varsovie au début de l'année 1807; il ramenait un ambassadeur persan, qui demandait l'alliance du puissant empereur et l'envoi d'officiers français pour organiser la résistance contre les Russes.

L'Empereur choisit comme ambassadeur le Général Gardanne (1) dont le nom était connu en Perse. Le premier secrétaire d'ambassade fut son frère, Paul-Ange-Louis de Gardanne; celui-ci fut l'historiographe de la mission. Il rédigea à son retour en France un court récit intitulé : *Voyage dans la Turquie d'Asie et la Perse fait en 1807 et 1808.* En outre d'un nombreux personnel civil, la mission comprenait 4 capitaines du Génie : Hilarion Truillier, Armand Lamy, Auguste Bontemps, Lefort Bianchi Dadda; un capitaine d'Infanterie, Verdier; un capitaine ingénieur géographe, Trézel; un lieutenant ingénieur géographe, Bernard, qui mourut le 16 novembre 1807 à Qu-Oye; un capitaine de cavalerie, Pépin; 2 lieutenants d'artillerie, Fabvier et Reboul, 3 sous-officiers et un médecin.

Le général Gardanne se rendit d'abord à Constantinople. Le Sultan donna des troupes pour accompagner la mission française et il envoya un ambassadeur près du Schah de Perse. Mais tandis que la mission était à Constantinople, on apprenait que les Russes menaçaient sérieusement les frontières de la Perse. Quelques officiers se dirigèrent rapidement vers les points menacés. Le Capitaine Lamy reçut l'ordre de fortifier Erivan. Cette ville, située dans la partie la plus montagneuse de l'Arménie à une altitude de 1100 mètres, est la véritable clef du pays; entourée sur 3 côtés de hautes murailles et bordée sur le quatrième par la Sanga, tout près de son confluent avec l'Araxe. Il s'agissait de porter un prompt secours à la garnison persanne assiégée par les Russes, et d'augmenter les moyens de défense de la vieille forteresse. Le capitaine Lamy arriva le 1er octobre 1807 à Erivan et poursuivit ses travaux avec une grande activité pendant tout le mois de

---

(1) Ce général, aide de camp de l'Empereur, brigadier depuis 1799, venait de se distinguer particulièrement à Eylau et à Friedland.

d'octobre. Il rendit cette ville imprenable (1). Le Capitaine Lamy, après avoir organisé la défense de la ville, n'y resta pas enfermé : un ordre exprès du prince Abbas-Mirza, Gouverneur de Tauris, l'obligea à quitter la ville. Il s'échappa avec la première sortie, mais il ne rejoignit pas la mission qui était sur la route de Téhéran ; il se rendit à Tauris où le demandait le prince Abbas-Mirza.

Tauris que nous appelons aujourd'hui Tébriz, était alors la ville la plus commerçante de la Perse. Ses murailles avaient 18 kilomètres de tour ; des milliers de jardins arrosés par 900 canaux formaient une ceinture de verdure tout autour des murailles. Deux grands tremblements de terre en 1727 et en 1780 avaient détruit partiellement cette ville qui sortait de ses ruines quand le Général Gardanne y séjourna du 11 au 15 novembre 1807. Le Capitaine Lamy arriva à Tauris après le départ de la mission française et y séjourna auprès du prince Abbas-Mirza (2). Tauris était la résidence du prince héritier, quoique fils cadet de Feth-Ali-Schah. Le Capitaine Lamy resta à Tauris jusqu'au mois d'avril 1808. Il apprit le persan en cinq mois, et aussitôt le prince Abbas-Mirza, voulut qu'il formât des élèves. Dix jeunes persans se mirent à apprendre le français avec ardeur.

A leur intention, le jeune professeur (il avait 27 ans) rédigea à la hâte trois traités élémentaires de mathématiques dans lesquels il glissa environ 200 mots de français destinés à perpétuer le bienfait de l'instruction, que la Perse devait à la France, restant comme un monument impérissable (3). Ces élèves firent honneur au Capitaine Lamy, l'un d'eux, Djaffer, fut ministre de Perse à Constantinople sous le règne de Louis-Philippe ; il écrivit en 1839 à son ancien maître et lui exprimait, en termes touchants,

---

(1) On sait que, 20 ans plus tard, elle fut prise d'assaut dans la nuit du 27 octobre 1827 par les troupes de Pastievitch.

(2) Ce prince mourut en 1833, une année avant son père, mais son fils Mohammed-Schah régna en 1834.

(3) Lettre du capitaine Lamy à sa sœur (27 février 1809).

sa profonde reconnaissance. Le prince Abbas-Mirza se montra prodigue d'attentions et de faveurs envers le capitaine Lamy. Il aimait à causer avec lui, il suivait même ses conseils. Grâce à l'influence du Capitaine Lamy, il donna l'ordre à ses serbazs, de ne plus couper les têtes des prisonniers de guerre. Le prince aurait voulu retenir auprès de lui le Capitaine Lamy et lui offrit le haut commandement de son armée; mais le capitaine voulait revoir sa patrie. Il fut décoré de l'ordre du Soleil de Perse.

Pendant ce temps le Général Gardanne et la mission restaient à Téhéran du 4 décembre 1807 au 27 janvier 1808. Le Général Gardanne arriva à Constantinople le 18 avril, quitta Vienne le 22 mai et parvint le 9 juin à Bayonne pour rendre compte à l'empereur de sa mission. Un ambassadeur persan accompagnait le Général Gardanne; il offrait à Napoléon les sabres de Tamerlan et de Nadir-Schah, ainsi qu'un volume des poésies manuscrites, de son souverain.

Le Capitaine Lamy apprit rapidement à Tauris le succês de la mission française à Téhéran, et son départ pour la France. Il commença ses préparatifs pour quitter Tauris. Il fit ses adieux au prince Abbas-Mirza, à la fin d'avril 1809. Il gagna Bagdad, visita les ruines de Babylone, et, arrivé sur les bords du golfe Persique, s'embarqua. Il rejoignit la grande armée quelques jours après la bataille de Wagram. (1) Là il apprit qu'il était chef du bataillon depuis le 13 février 1809. Le Commandant Lamy assista à la bataille de Znaïm où il se fit remarquer et fut chargé des travaux de la tête de pont d'Angern sur la Morava.

Après la conclusion de la paix qui fut signée à cette époque, il fut de nouveau envoyé en Hollande, mais

---

(1) Son camarade de promotion et ami, le Général comte Jules Paulin écrivait en 1865 le récit de sa rencontre à Vienne (extrait de la copie de la lettre) « Nous vécûmes éloignés l'un de l'autre pendant plusieurs années et ce n'est qu'en 1809, après la bataille de Wagram, qu'un matin devant la cathédrale Saint-Etienne, je reconnus Lamy, malgré son teint oriental, descendant d'une petite voiture à forme toute primitive, qui le ramenait de Perse, etc... »

comme commandant du génie à Flessingue et dans toute l'île de Walcheren. Nommé lieutenant-colonel et chevalier de la Légion d'honneur en 1811; le 20 février 1812 Napoléon signa le décret le nommant chevalier de l'Empire et permettant à lui, et à ses descendants, de porter les armes décrites dans l'acte conservé aux archives nationales (1). Le Colonel Lamy continua de diriger jusqu'en 1814 la construction des belles fortifications de Flessingue, de Terveer et des postes destinés à la défense de ce point important. Ce fut en visitant ces travaux remarquables, surtout par les difficultés de terrain qu'il avait fallu vaincre, que l'empereur Napoléon conçut pour l'ingénieur Lamy une telle estime, qu'il eut la pensée de se l'attacher comme aide de camp. Lorsqu'en 1813 une expédition fut dirigée contre l'île de Sud-Beveland dont les Anglais s'étaient emparés; ce fut le Lieutenant-Colonel Lamy qui la conduisit : 600 hommes de la garnison de Flessingue culbutèrent l'ennemi campé à Borselen et s'emparèrent d'une batterie de 20 pièces de canon. Peu de temps après, il reçut la croix d'officier de la Légion d'Honneur.

Mais ces combats n'interrompaient pas le cours des travaux de défense, et chaque hiver il était appelé à Paris pour assister aux conseils d'administration du Génie, présidés par l'Empereur lui-même, et dans lesquels se discutaient les vastes projets des fortifications à exécuter dans toute l'étendue de l'Empire. En 1815, l'Empereur ayant ordonné de fortifier la capitale, le Lieutenant-colonel Lamy, fut employé à ces travaux sous les ordres du Général Haxo, et y prit une part très active.

Après avoir rempli avec distinction les fonctions de lieutenant-colonel à Metz en 1815 et plus tard à Lille, il fut choisi en 1821, pour être secrétaire du comité des fortifications qui sut apprécier son zèle, son activité, et sa grande facilité de travail.

Nommé colonel en 1824, commandeur de la Légion d'Honneur le 21 mars 1831, maréchal de camp en 1835,

______

(1) La nomination est datée du 12 février.

le Général Lamy devint l'un des membres du comité.
Envoyé comme inspecteur général du génie en Afrique
au moment. où se préparait la seconde expédition de
Constantine, il arriva en juillet à Bône (1837). Ses premiers soins furent de créer et de réunir tous les moyens
et matériel, que rendait nécessaire la prévision d'un siège
prochain, où il espérait avoir le commandement du Génie.

L'établissement d'un lieu de station défensif sur la route
de Bône à Constantine, pour rapprocher de son. but le
point de départ de l'armée, ayant été proposé par lui et
jugé utile, le Général Lamy se met en marche avec une
partie de ses troupes et vint à Med-Jez-Ammar, où il traça
et fit exécuter un camp retranché avec réduit, à un gué de
la Seybouse, au dessus de son confluent avec l'Oued-Gerf.
L'armée s'employa avec ardeur, sous ses ordres, à ces travaux, malgré l'influence pernicieuse du climat à laquelle
n'échappa point le général lui-même, qui fut si gravement
malade qu'on crut un instant qu'il allait succomber. En
peu de temps les différents parcs, les approvisionnements,
en un mot, tout le matériel de l'armée expéditionnaire
put être rassemblé en sûreté. A partir de ce camp jusqu'au
qu'au camp de Raz-el-Akbah, le Général Lamy fit exécuter
sur un développement de plusieurs lieues, une route praticable à l'artillerie de siège, qui n'aurait pu, sans ce travail,
traverser un terrain partout difficile et. fortement accidenté.

Ces préparatifs étaient à peine achevés que l'arrivée de
deux lieutenants-généraux pour commander en chef les
armes du Génie et de l'Artillerie, ne laissa plus au Maréchal de Camp Lamy que la seconde place. Quoiqu'en
sous-ordre, il n'en rendit pas moins des services signalés.
Devant Constantine on le vit partout où étaient le danger
et les difficultés de l'attaque; encourageant les troupes par
son exemple et ses avis, et si, dans les diverses périodes
de ce glorieux siège, la mort ne l'a pas frappé, c'est qu'elle
avait assez déjà d'illustres victimes (1).

---

(1) Le Général en Chef Damrémont, les généraux Perrégaux, de
Caraman, le colonel Combes, etc.

Au mois d'octobre 1837, le Général Lamy, commandant en second le Génie de l'armée expéditionnaire faisait ce récit dans une lettre particulière dont voici un passage : « A notre grand dommage, un temps affreux se déclara, le sol ne présentait plus que boue et rochers ardus. Il fut convenu que l'artillerie devait changer de position et gravir, en vue de la place, un autre sommet pour pouvoir ouvrir une brèche praticable, mais le tiers des chevaux était mort de faim et de froid, et il ne restait plus que pour six jours de vivres; il en fallait quatre au moins pour regagner l'asile créé à Mjez-Ahmar, en abandonnant toute la grosse artillerie.

« Alors recommencèrent avec plus d'énergie les récriminations de ceux qui, dès l'origine, s'étaient opposés à l'entreprise; ils réclamaient la retraite immédiate, commandée par l'humanité qui ne permettait pas de vouer huit mille hommes à une mort certaine pour leur épargner le vain reproche d'avoir abandonné, vivants, des trophées à l'ennemi. Ils représentaient que déjà nous avions six cents malades ou blessés, qu'il y avait encore assez d'attelages pour les emporter, que deux jours plus tard peut-être cela ne serait-il plus posssible. Je disais, moi, que l'honneur national périrait si l'on adoptait un parti aussi lâche, et qu'alors même que la position de l'armée serait aussi grave et que l'alternative entre la fuite et la perte de l'armée existerait réellement, les armées étaient faites pour être sacrifiées, au besoin, au salut de l'honneur du pays. Bien d'autres voix proférèrent les mêmes sentiments, et ceux-là, pour la plupart, avaient bien plus de mérite que moi. Leur sacrifice était absolu; ils se dévouaient à la mort sans autre sentiment que celui du devoir : et moi, j'étais plein d'espérance, je ne voyais qu'une victoire assurée depuis que la marche de l'attaque était entrée dans la bonne voie. Le gouverneur général, homme de conscience et d'honneur, me promit, dans la nuit du 11 au 12, où j'eus un entretien secret avec lui, qu'il mangerait son dernier biscuit devant Constantine..... Je voudrais (ajoute le Général), pouvoir vous dépeindre avec quelque clarté les faits prodigieux, qui se succédèrent et auxquels prirent part, comme les autres, les mauvais conseillers de la veille. »

Pendant les terribles et dramatiques péripéties de la prise de Constantine, les Français, ayant à léur tête les Généraux Rullière et Lamy, montaient à la kasba : voici ce qu'a vu et raconté le Général Lamy : « De ce côté de la ville règne un escarpement divisé en terrasses successives de trente à soixante pieds ; sur le bord supérieur était une rangée de femmes et d'enfants qu'on descendait avec des cordes. A notre aspect, un mouvement de terreur se manifesta, et en un instant toute la rangée disparut ; nous restâmes pétrifiés. A nos signes pacifiques quelques hommes s'approchèrent, jetèrent leurs armes et reçurent en tremblant les poignées de main de nos soldats ; les femmes, les enfants, encore debout sur l'esplanade se rassurèrent. Nous approchâmes et nous vîmes quarante cadavres étendus au pied du rocher. Les moins blessés s'efforçaient de descendre encore plus bas, et là, nous les avons nourris pendant deux jours, jusqu'à ce qu'on ait pu se procurer les moyens de les retirer. »

Le roi sut apprécier la belle conduite du Général Lamy et lui envoya le brevet de grand officier de la Légion d'Honneur. Le Général Lamy fit partie du Conseil d'Etat, d'abord comme maître des requêtes, en service extraordinaire, avec autorisation de participer aux délibérations du Conseil.

Depuis 1831 jusqu'en 1839, il fit partie de la Chambre des Députés ; il se présenta à la députation aux élections du 5 juillet 1831, dans le 5me collège de la Dordogne, Nontron, où il possédait les domaines de Mars et de Bovinière (1) : il échoua avec 37 voix contre 155 et l'élu fut Mérilhon. Il fut plus heureux le 6 octobre suivant dans le même collège, et fut élu par 95 voix (170 votants) ; le 21 juin 1834, avec 148 voix (249 votants, 313 inscrits) ;

---

(1) Il était membre du Conseil Général du Département.

et le 4 novembre 1837, avec 160 voix (208 votants, 264 inscrits). Les élections du 2 mars 1839 lui furent défavorables. Il échoua dans le collège de Nontron avec 138 voix contre 159 à l'élu, M. Dusolier.

D'un caractère passionné, le Général Lamy, saisit avec empressement ces occasions d'être utile à son pays, et se livra avec ardeur aux travaux législatifs. Plusieurs fois il fut choisi pour être auprès de la Chambre l'organe des commissions, dont il était membre, ce qui lui a donné l'occasion de développer son talent d'analyse, ses vues élevées et ses connaissances variées. Il approfondit avec beaucoup de science, la grande question des chemins de fer et prononça le 15 novembre 1838 un discours (1) où la grandeur de ses appréciations prévoyait l'avenir : de même dans ses « Observations sur les entreprises des chemins de fer, 1839 »; on voit que, jusqu'au moment où la maladie interrompit ses travaux, il signala plusieurs des obstacles, que rencontrait en France, l'établissement de ces nouvelles lignes de communication, et indiqua des rectifications importantes à faire à la législation sur cette matière. Il eut la satisfaction de voir adopter la plupart de ses idées, qui se trouvent formulées dans les lois rendues après lui dans les sessions législatives. Cette ardeur que le Général mettait à tout ce dont il s'occupait, a, sans aucun doute, contribué à abréger ses jours; ses forces physiques ne pouvaient suffire aux travaux entrepris.

Le Général Lamy était du commerce le plus agréable; toutes les personnes qui l'ont connu, notamment les officiers qui ont servi sous ses ordres, conservèrent toujours le souvenir de ses relations avec lui. Ceux qui ont pénétré dans son intimité et qui ont joui de sa confiance, savaient combien il était bon, affable, obligeant; son cœur était droit, son amitié sûre et son dévouement sans bornes pour ceux qu'il affectionnait; ses discours, à la tribune, signalaient souvent les vues de l'homme d'Etat et toujours les vues de l'homme de bien.

---

(1) Voir, à la fin, des extraits de ce discours.

Le Général Lamy avait épousé, en 1817, Mlle Amélie des Maisons : il eut trois enfants.

Le général Lamy était chevalier de Saint-Louis ; il fut fait Baron, mais ne porta jamais son titre ; il avait reçu une dotation en Westphalie. La tombe du Général Lamy est située à Paris, au cimetière du Sud, 16me division (n° 83, Ouest) ; voici son épitaphe :

Le Baron Armand-François Lamy, Maréchal de Camp du Génie, Conseiller d'État, ancien Député, Grand-Officier de la Légion d'Honneur, Commandeur de l'Ordre du Soleil de Perse, né à Rennes le 15 février 1781, décédé à Paris le 5 novembre 1839, à l'âge de 58 ans.

COPIE DU DÉCRET

« Lamy, Armand-François, Major au Corps Impérial du Génie, 12 février 1812 (1).

« Notre ami, le sieur Lamy, Membre de la Légion d'Honneur, désirant jouir de la faveur que nous avons voulu accorder aux Membres de cette Légion par notre statut du 1er mars 1808, s'est retiré devant notre cousin le Prince archi-chancelier de l'Empire lequel, après avoir fait vérifier en sa présence par le Conseil du Sceau des Titres que par notre Décret du 26 mars 1811, nous avons nommé le dit sieur Lamy Membre de la Légion d'Honneur et qu'il possède le revenu exigé par nos statuts, nous a présenté l'avis de notre dit conseil et les conclusions du Procureur général sur quoi nous avons, par ces présentes signées de notre main, autorisé le sieur Armand-François Lamy, Major au Corps Impérial du Génie, Chevalier de l'Ordre du Soleil de Perse, né à Rennes, département d'Ile-et-Vilaine, le 15 février 1781, à se dire et qualifier Chevalier de l'Empire, etc.....

Signé : NAPOLÉON.

20 février 1812.

Le Prince Archi-Chancelier : CAMBACÉRÈS.

---

(1) Archives Nationales, 242, 172, folio 282.

« Permettons au dit sieur Lamy et à ceux de ses descendants qui recueilleront le titre de chevalier, de porter en tous lieux les armoiries telles qu'elles sont figurées aux présentes et qui sont : d'azur à la fasce cousue de gueules au signe des chevaliers légionnaires, accompagné en chef, d'un compas ouvert les pointes basses, traversé d'une épée en pal la pointe à dextre et soutenue d'un casque taré de profil, le tout d'or et en pointe d'un lion passant, sommé d'un demi soleil du même.

« Pour livrées les couleurs de l'Écu. »

Description des armoiries Lamy avant la Révolution. (Archives départementales d'Ile-et-Vilaine).

« D'azur, à une tête de lévrier d'argent, accompagné de « trois étoiles d'or. »

RAPPORT

fait au nom de la Commission (1) chargée de l'examen du
projet de loi relatif aux travaux de défense de Paris, par
Monsieur le Colonel Lamy, Député de la Dordogne.

Séance du 22 avril 1833

MESSIEURS,

La Commission que vous avez chargée d'examiner le
projet de loi relatif aux fortifications de Paris m'a confié
le soin de vous soumettre le résultat de son travail. En
vous présentant ce projet, le Gouvernement a cédé à un
vœu assez généralement exprimé dans le sein de cette
Chambre, et provoqué par le rapport de votre Commission sur le budget de la guerre. Il s'y est d'autant plus
aisément déterminé que, dès le 30 novembre 1831, il avait
soumis à vos délibérations un projet de loi analogue, et
et que ce ne fut que par suite de votre propre décision que
ce projet particulier fut fondu dans la loi du budget. La
Commission, dont je suis l'organe en ce moment, a pensé
qu'il serait superflu de développer les considérations qui
ont pu déterminer la Chambre à désirer que, par la pré-
sentation d'un projet de loi spéciale, elle fut appelée
à traiter la grande question militaire, politique et financière que soulève la proposition du Gouvernement. Le
vœu a été formellement exprimé, le Ministre s'est empressé
d'y satisfaire; vous êtes saisis, et vous n'avez plus qu'à
examiner et à prononcer. Votre Commission aurait eu à
regretter que le projet ne fut point accompagné d'un
exposé des motifs, si dans la discussion approfondie qui a

---

(1) Cette Commission est composée de MM. le vicomte Sébastiani,
Dupin aîné, Delessert (Benjamin), Riollay, le général Viennet, Gar-
raube, Lamy, le général Stroltz.

eu lieu naguère dans cette Chambre sur le même sujet, les organes du Gouvernement n'avaient complètement développé les diverses considérations qui militent en faveur de la mesure proposée, et cherché à réfuter les objections qui leur furent successivement présentées. Pour aider et diriger notre travail, nous avons donc trouvé dans cette discussion, non seulement un exposé des motifs, mais un débat contradictoire qui a fait surgir devant nos yeux les motifs comme les objections. Notre tâche s'est ainsi bornée à l'appréciation des arguments respectivement employés, Il nous a semblé que notre examen devait se porter successivement sur ces diverses questions : Est-il utile de fortifier Paris? Le moment est-il opportun? Le système proposé conduit-il au but qu'on doit atteindre? Les dispositions financières relatées dans le projet de loi sont-elles satisfaisantes? Deux membres auraient désiré qu'avant de présenter un rapport définitif à la Chambre, on fit imprimer un plan des fortifications projetées, avec les documents à l'appui, pour les porter à la connaissance du public, et appeler la libre discussion.

De l'utilité de fortifier Paris

Ceux qui se déclarent partisans de la mesure proposée représentent que la nécessité de fortifier Paris a été reconnue dans tous les temps et par toutes les autorités compétentes; ils citent à cet égard l'opinion de Vauban, de Napoléon, et enfin de la Commission créée en 1819, par le maréchal Saint-Cyr, pour préparer les bases d'une nouvelle organisation de la défense du royaume appropriée à la situation où l'avaient placé les derniers traités. Ils ajoutent que cette nécessité est commandée plus que jamais par la disposition de nos frontières, par l'accroissement de puissance militaire de nos voisins, par le nouveau système de guerre introduit en Europe; enfin, et surtout, par la prépondérance politique exercée par la capitale sur le reste du royaume. En effet, c'est à Paris que se débattent et se décident, par les grands corps de

l'Etat, toutes les questions politiques, financières adminis-
tratives, judiciaires et commerciales qui intéressent le
pays, c'est de Paris que part l'impulsion gouvernementale
qui porte jusqu'aux frontières l'action et le concert; et si
l'immense influence de ce centre de toutes les relations
venait à être spontanément suspendue, il n'y aurait plus
de lien de rapport entre les diverses parties de l'État, il ne
pourrait plus y avoir ni harmonie, ni ensemble dans leur
action. Que cette influence d'une ville sur les destinées
d'un État soit un mal ou un bien, nous n'avons point à
traiter cette question; contentons-nous de reconnaître le
fait et d'en déduire les conséquences. Parmi ces conséquences, la plus essentielle à constater, c'est que la prise
de Paris sera le but qu'on se proposera nécessairement
lorsqu'on concevra l'audacieuse résolution de faire la
guerre à la France; que c'est à Paris seulement qu'on
espèrera pouvoir lui imposer une paix onéreuse pour elle
et avantageuse pour ses ennemis; et comme aujourd'hui
les guerres sont chères, on ne se hasardera à nous attaquer que lorsqu'on aura pu se flatter de l'espoir d'atteindre
promptement au terme c'est-à-dire à l'occupation de la
capitale. Pénétré des conséquences funestes et définitives
que pourrait avoir la reddition de Paris, le Gouvernement
prescrira aux Généraux qui commanderont nos armées
défensives de ne jamais découvrir la capitale. On peut
apprécier combien cette obligation de couvrir constamment
un point important ouvert aux agressions subites, impose
de gêne et nuit aux mouvements militaires.

Dans une pareille situation, l'armée défensive est en
quelque sorte paralysée : retenue, malgré elle, par ce centre
d'attraction, elle ne pourrait profiter des chances favorables qui se présenteraient d'attaquer et de se porter en
avant, et au moindre échec elle serait forcément attirée en
arrière vers le point qui lui serait ordonné de couvrir; elle
opérerait ainsi la plus funeste des retraites, celle qui
s'exécute sur la ligne d'opérations que l'ennemi s'est
promis de suivre. Si au contraire l'armée est dispensée de
l'obligation impérieuse de couper constamment Paris,

libre dans ses mouvements, elle pourra, à l'aide d'habiles manœuvres, essayer de surprendre l'ennemi en défaut, occuper, sous l'appui des places ou d'obstacles naturels, des positions de flanc qui forceraient l'armée envahissante à la suivre jusque sur le champ de bataille qu'elle se serait choisi et préparé d'avance. Mais cette liberté, cette indépendance, l'armée défensive ne peut les obtenir qu'autant que Paris aura été mis en état de résister quelque temps, avec ses propres ressources, c'est-à-dire lorsqu'il sera fortifié. Et alors, si l'ennemi peut, sans délai, marcher à son but, loin de s'y porter avec toutes ses forces, il sera nécessairement obligé de laisser en observation, et pour protéger ses flancs et ses derrières, des corps aussi nombreux au moins que ceux qui, sans redouter de lui livrer un libre passage, manœuvreraient sur ses ailes et épieraient ses mouvemens. C'est donc avec raison que l'on vous a dit que Paris fortifié augmentait la force effective de l'armée française, car il est évident qu'il y ajoute en effet tout ce que l'armée ennemie est elle-même obligée d'ajouter à ses propres forces, pour effectuer l'envahissement. On peut dire encore que Paris fortifié remédie aux inconvéniens qui résultent d'une frontière trop rapprochée. Paris fortifié, c'est la frontière du nord reportée jusque sur la rive gauche du Rhin; résultat qui fit la gloire des premiers triomphes de notre France régénérée, résultat dont la perte excite encore de douloureux souvenirs, résultat pourtant qui ne pourait être recouvré sans une guerre incertaine et dispendieuse, et dont Paris fortifié, aux yeux des militaires éclairés, nous rend l'équivalent, en ce qui concerne la sûreté du territoire, et nous le rend avec certitude, sans conteste, sans opposition, sans trouble pour notre commerce et notre prospérité progressive, sans effusion du sang des enfans de la patrie, et pour une dépense légère si on la compare avec celle qu'occasionnerait une conquête effective.

Nous défendrons donc la frontière qui couvre l'intérieur du pays : nous ferons mieux encore, nous éloignerons les désastres de la guerre de notre territoire en la portant sur celui de l'étranger; et nous nous avancerons avec d'autant plus d'audace et de résolution, que nous n'aurons point à craindre que par une diversion rapide, l'ennemi ne tente de pénétrer jusqu'au sanctuaire où est déposé le palladium de la France, et rende ainsi infructueuses, et nos victoires et nos conquêtes. Messieurs, l'armée française triomphait à Toulouse, en 1814, nos garnisons se faisaient respecter et repoussaient l'ennemi à Hambourg, Berg-op-Zoom, Anvers, Mayence et Alexandrie, lorsque la prise de Paris décidait des destinées de la France. Nous ne pouvons admettre que les fortifications attirent la guerre : le principe contraire nous semble démontré par les faits. Peu de forteresses ont été attaquées et prises de nos jours, tandis que toutes les villes ouvertes qui se sont rencontrées sur le théâtre de la guerre, ont toujours été soigneusement occupées, et celles qui avaient de l'importance et pouvaient présenter des ressources, ont souvent déterminé la direction des lignes d'opérations.

Quant à l'application qu'on voudrait faire de ce prétendu principe à Paris, elle ne serait, en aucun cas, recevable; car nous avons démontré que l'occupation de Paris sera nécessairement le but de toute guerre agressive; les fortifications qu'on y ajouterait, en rendant cette occupation plus difficile, ne pourraient donc, diminuant les chances de succès, qu'écarter la probabilité de la tentative. Oui, certes, notre belle capitale renferme les chefs-d'œuvre des arts, les plus merveilleux produits de l'industrie; de jour en jour ces richesses s'y accumulent, serait-ce donc un motif pour se dispenser de la mettre à l'abri de la spoliation, et renonce-t-on à fermer les portes d'un édifice parce qu'il récèle des trésors? Mais ces ateliers multipliés, ces laboratoires, ces sanctuaires de la science et des arts, ne peuvent supporter l'éclat, le bruit des armes; ils s'éloigneront d'une ville transformée en forteresse et où les effroyables conséquences d'un siège peuvent un jour troubler leurs travaux et compromettre leur existence. Messieurs, si nous ne craignions d'anticiper sur une autre partie de ce rapport, nous expliquerions comment toute comparaison de Paris avec une forteresse ordinaire serait inexacte; mais, pour ne pas nous écarter du plan que nous nous sommes tracé, nous nous contenterons de remarquer en ce moment, que ce serait à tort qu'on prétendrait que la protection des fortifications est redoutée par l'industrie. Nous pourrions citer plus d'un exemple contraire; nous pourrions dire que c'est pour n'avoir plus trouvé de place au dedans qu'elle s'est quelquefois établie au dehors; nous pourrions dire qu'alors que la campagne est libre et présente des emplacements sans limite et à bas prix, c'est sous le canon même des places qu'on sollicite des dispenses aux servitudes, afin d'y créer les nouvelles usines pour lesquelles il ne reste plus de places dans l'intérieur; nous pourrions d'ailleurs rendre raison de cette préférence par l'exemple du passé, et demander qu'on fasse le relevé des manufactures détruites, ruinées par suite de nos longues guerres, et qu'on énumère combien étaient dans les places de guerre, combien étaient dans les lieux ouverts aux agressions?

Lorsque vous vous occupez des intérêts de la patrie, ce n'est point dans un horizon rétréci que vous bornez vos prévisions, ce n'est pas seulement aux besoins du jour et du lendemain que vous prétendez pourvoir; c'est sur l'avenir, sur un avenir aussi illimité que le comportent les destinés d'une grande Nation, que vos calculs s'étendent. Si en 93, 1814, 1815 et 1830, on a compris la nécessité de fortifier Paris; si on a, à chacune de ces époques, éprouvé un vif regret de n'avoir pas eu plutôt recours à cette sage et patriotique précaution; si alors on a cherché à suppléer à l'imprévoyance du passé par quelques dispositions trop précipitées pour être efficaces; en 1833, alors que le pays intervient directement par l'organe de ses mandataires, alors qu'il devient ainsi responsable envers lui-même et la postérité, de tout retard, de tout délai qui pourrait compromettre éventuellement sa destinée; alors, disons-nous, on ne doit plus craindre que l'indifférence remplace l'anxiété, et qu'au blâme, sévèrement exprimé contre les lenteurs involontaires du pouvoir dans l'exécution, succède un vote suspensif qui présenterait cette Chambre à la France comme insouciante de l'avenir, et la France à l'Europe, comme une Nation que le danger présent peut seul stimuler. La majorité de la Commission pense que le moment est venu de donner à Paris, les moyens matériels de défense que réclame son importance politique.

Nous passons maintenant à la troisième partie de ce rapport, à l'examen du dispositif que le Gouvernement se propose d'exécuter. Votre Commission, Messieurs, a reçu du Gouvernement communication du projet arrêté dans tous ses détails, et toutes les explications qu'elle a pu désirer lui ont été données sans aucune restriction. Votre Commission ne pouvait ignorer qu'outre le système adopté par le Gouvernement, il en avait été présenté un autre; qu'un long débat avait eu lieu; que les avis avaient été et étaient restés partagés; qu'une vive polémique s'était établie sur cette question qui, prise dans sa généralité, appartient encore plus à l'art de la guerre qu'à celui de la fortification; que cette polémique provoquée par quelques journaux, soutenue dans quelques brochures, avait fini par occuper la tribune nationale. Il y avait donc pour votre Commission devoir indispensable de fixer sur ce sujet une sérieuse attention. Toutefois, Messieurs, l'examen scrupuleux que nous nous sommes imposé, nous a conduit, non à porter sur le début existant un jugement que nous aurions à soumettre à votre approbation, mais à vous engager au contraire, à vous abstenir de prononcer sur ces matières techniques, et à vous borner à examiner et à apprécier si vous avez toutes les garanties désirables de l'efficacité des mesures proposées et du bon emploi des deniers de l'État.

Il est inutile, sans doute, de s'étendre sur les avantages immenses qu'un tacticien habile tirerait d'une semblable situation; nous ne serons point démentis par les généraux qui ont coopéré aux belles manœuvres de 1813 et 1814, si nous affirmons que l'armée attaquante devrait, en pareil cas, être plus que quadruple de l'armée défensive :

c'est donc déjà trois soldats pour un que les fortifications de Paris ont ajouté à la force effective de leurs défenseurs. Mais quelques-uns prétendent que nous nous faisons illusion; que la ligne des forts est franchissable; qu'ils ajouteraient peu aux avantages naturels du champ de bataille; qu'ils ne sauraient arrêter un hourra sur Paris; que tout au plus, ils salueraient de quelques salves d'artillerie les colonnes marchant à l'attaque; et que, témoins impuissans de la prise de la cité, ils abaisseraient bientôt leurs inutiles pont-levis devant le vainqueur qui aurait dédaigné de s'arrêter devant leurs remparts. Pour justifier ce superbe dédain envers les forts, on vous a cité la marche des corps d'invasion entre nos forteresses, en 1814 et 1815; on vous a rappelé le passage du Mont-Saint-Bernard, exécuté sous le feu du fort de Bard. Se rattachant à des faits plus récens, on vous a décrit cette manœuvre hardie de notre valeureuse artillerie, qui, au siège de la citadelle d'Anvers, ayant à traverser des terrains fangeux pour conduire à une batterie ses pièces d'armement, a intrépidement dépassé la tranchée, et franchi rapidement, en terrain ferme, à petite portée du feu de la place, la distance à parcourir pour venir occuper la batterie. De tous ces exemples, on a prétendu tirer la conclusion que les forts seraient bravés, dépassés, et ne sauraient suspendre la prise de Paris. Examinons donc la portée de ces analogies : On a passé entre les places de la frontière; mais ces places laissent entre elles de grands intervalles, et on a eu soin de se tenir hors de la portée du canon de chacune d'elles. Si l'on parvient à passer le défilé malgré le fort de Bard, si on s'est approché audacieusement et à découvert des batteries de la citadelle d'Anvers, ces deux exemples prouvent qu'on peut, avec du courage, braver l'effet de l'artillerie; mais après avoir passé le défilé à Bard, on cessait d'être sous l'action du fort, et la route était ouverte en avant; mais à Anvers, après avoir parcouru rapidement le chemin qui le conduisait à son but, le convoi d'artillerie entra dans sa batterie, et s'y installa à couvert. Dans l'un et l'autre cas, le danger était grave, mais momentané. Quelle analogie ces exemples auraient-ils avec l'attaque présumée? Sans doute une colonne pourra se détacher de son camp, et franchir, sous le feu de la formidable artillerie de deux forts, la ligne qui les sépare. Mais cette colonne, où irà-t-elle? Pour pénétrer dans Paris, il faudrait qu'elle en forçât l'enceinte de sûreté; et cette enceinte, organisée comme nous l'avons dit, ne peut être enlevée spontanément, il faudra donc stationner, faire un dispositif d'attaque, loin du camp, loin du secours, exposé en arrière à l'artillerie des forts, en avant à celle de l'enceinte, sur les flancs aux attaques de toute la partie active de la garnison, qui manœuvra en sûreté entre les forts et l'enceinte. C'est dans cette situation qu'il faudrait élever des batteries, ouvrir une brèche, franchir des abattis et donner l'assaut, alors que derrière la brèche est l'immense population de Paris, qui voit flotter au loin l'étendard tricolore; alors que l'assiégé, maître au dedans, maître au dehors, est partout menaçant contre une colonne qui, depuis sa sortie de son camp, n'a cessé d'être foudroyée. Messieurs, hâtons-nous d'abandonner ces chimériques hypothèses, raisonnons seulement sur le possible, et reconnaissons que, dans le système adopté, toute attaque de vive force serait sans chance de succès. Ce sera donc seulement au moyen d'une attaque régulière dirigée contre un ou plusieurs forts détachés, que l'ennemi pourra tenter de réduire les défenses de la capitale; et vous savez tous, Messieurs, les lenteurs qu'un siège exige.

Le champ de bataille est vaste, et prédisposé pour le grand drame national; ce n'est point en effet dans l'enceinte étroite d'un bastion, sur le sommet rétréci d'une brèche qu'il y aurait place pour tous les dévouements que provoque le péril de la patrie pour tous les sacrifices qui doivent se consommer au jour de son triomphe ou de son anéantissement. Une lice, disaient nos aïeux, un champ de bataille réclament nos soldats et nos citoyens. C'est là en effet sur ce noble, sur ce grand théâtre, que tout ceux qui, en France, sont animés d'un patriotisme généreux, devront se joindre pour mourir ou triompher ensemble;

c'est là qu'un peuple et son roi, et la dynastie tout entière, peuvent trouver le triomphe, ou une tombe digne d'eux. Cependant on demande si l'immense population de Paris, si l'armée qui manœuvre en deçà et au-delà de ses fortifications, si les réfugiés des campagnes qui viendraient chercher protection entre l'enceinte et la ligne des forts, n'épuiseraient pas promptement les plus vastes magasins, et si la disette ne mettrait pas un terme forcé à la prolongation de la résistance. Cette objection, Messieurs, suppose le blocus, et un blocus exact paraît bien difficile, lorsqu'on considère que l'armée assiégeante devrait s'étendre sur une ligne de douze à quinze lieues de développement coupée par la Marne, et deux fois par la Seine; que sur tous les points de cette circonférence, la partie active de la garnison, c'est-à-dire une armée de cinquante mille hommes au moins, pourrait se porter instantanément en moins d'une heure, tandis qu'une journée de marche suffirait à peine à l'ennemi, pour concentrer le tiers de ses forces sur un point donné. D'ailleurs, en tous temps, les approvisionnements en vivres indispensables, sont considérables à Paris; et au milieu des prévisions que la menace d'une attaque imposerait au gouvernement il ne pourrait négliger la plus essentielle.

Votre Commission pense donc que le dispositif adopté pour les fortifications de Paris, atteint le but qu'on doit se proposer. Mais elle a cru que le projet de loi devait exprimer, au moins en général, cette adoption, afin que si une opinion contraire venait plus tard à prévaloir, on ne pût, sans mesure législative, abandonner un plan arrêté, et en partie exécuté, pour prescrire, au grand détriment des finances de l'état, des dispositions différentes. Cette précaution, que votre Commission a jugée utile, fait l'objet d'un article additionnel.

Nous allons maintenant passer, Messieurs, à la quatrième et dernière partie de ce rapport, celle qui se rattache aux dispositions financières de la loi. Une somme de 35.000.000 fr. est demandée pour la mise en état de défense de Paris; elle se divise ainsi :

Achats de terrains. 2.400.000
Constructions de 12 forts et 3 redoutes. . 25.510.000
Organisation de l'enceinte de sûreté. . . . 2.090.000
Mont-Valérien. 2.000.000
Saint-Denis 3.000.000

Total. 35.000.000

On a soutenu que cette somme serait insuffisante ; qu'il faudrait la doubler, la porter même à 100 millions ; mais ces assertions n'ont été fondées que sur d'anciens et nombreux exemples de mécomptes estimatifs, et aucun calculs contradictoires n'ont été produits. Les mécomptes estimatifs n'ont sans doute été que trop fréquents ; de pareils antécédents doivent en effet éveiller la méfiance et l'attention. Votre Commission devait donc examiner soigneusement si les devis qui lui ont été présentés étaient en effet basés sur des recherches consciencieuses, ou s'ils n'étaient que le résultat d'une évaluation improvisée. Les devis sont rédigés dans tous leurs détails, les prix sont pour la plupart puisés dans des marchés déjà passés et en cours d'exécution ; des sommes notables ont été réservées pour parer aux accidents et frais imprévus. Enfin ce travail est le fruit de six mois d'étude. Une des premières causes des erreurs commises dans les évaluations des grands travaux publics et particuliers, c'est le prix excessif des terrains expropriés : cette cause disparaît ici, puisque les évaluations pour les aliénations non encore consommées, ont été puisées dans le travail des experts, respectivement préposés par le Gouvernement et les tribunaux, et les contrats de vente, passés jusqu'à ce jour n'ont point dépassé les prévisions. Il n'y a donc pas de motifs pour admettre l'insuffisance des évaluations, à moins que d'établir en principe absolu qu'un devis ne peut jamais être exact. Cependant, Messieurs, si ce phénomène est rare, il s'est rencontré quelques fois et pour des travaux du genre de ceux en question. A Lyon, par exemple, le premier aperçu de la dépense était de 18 millions, plus de la moitié du travail est achevé, et on est maintenant assuré que la dépense définitive sera inférieure de près d'un sixième au total d'abord évalué.

Il appartient à chaque époque de réclamer sa part de travail dans la construction du monument qui doit être érigé en l'honneur de l'indépendance nationale. Les Egyptiens, de génération en génération, élevaient de vaines pyramides qui ont immortalisé leur souvenir : nous, nous construirons des remparts qui éterniseront notre existence nationale, et prouveront le prix que nous y attachons. Votre Commission vous propose d'adopter les dispositions financières du projet de loi, sans aucun changement. En résumé 1° La majorité de la Commission reconnaît l'utilité et la nécessité de fortifier Paris; 2° elle croit que ce travail est opportun; 3° elle pense que le dispositif qui lui a été présenté, en tous détails, assure toutes les garanties désirables pour une bonne défense, et ménage mieux que tous autres les intérêts de la ville de Paris; elle nie formellement qu'il présente quelques dangers pour la liberté, quelques chances d'appui pour le maintien de la tyrannie; 4° elle adopte les dispositions financières du projet et les 2 articles qui le composent; 5° elle présente l'article additionnel suivant, qui ferait le 3° de la loi.

Art. 3. — « Les fortifications à élever autour de Paris, « seront construites selon le système indiqué au plan « d'ensemble annexé à la présente loi. »

OBSERVATIONS

SUR

LES CONCESSIONS DE CHEMINS DE FER

Après avoir longtemps murmuré contre les entraves qu'éprouvait en France l'établissement des chemins de fer, tandis que pour d'autres pays ils étaient déjà devenus des sources de grande prospérité, c'est avec une véritable satisfaction que l'opinion publique a accueilli les diverses concessions converties en lois pendant la session dernière. On a vu dans ces vastes entreprises un grand pas fait vers ce perfectionnement d'une haute civilisation, qui rend les intérêts individuels et l'appât des richesses, de puissants stimulants pour coopérer à ces fécondes créations. qui assurent aux masses une augmentation considérable de jouissances et de bien-être.

Ces riantes espérances se sont bien atténuées! non-seulement on cesse de voir dans ces débuts le signe précurseur d'une série de créations semblables, qui devaient appeler successivement toutes les parties du territoire à participer à leurs bienfaits; mais on tremble encore pour la réalisation des engagements contractés; une méfiance exagérée plane ou régnait une confiance exaltée : les pronostics les plus fatals sont mis en circulation, la panique se répand, personne ne l'explique, ne la justifie, mais tout le monde l'entretient et la propage, et s'appuie des effets qu'elle a déjà produits, pour démontrer l'inévitable écueil devant lequel tout doit s'abîmer.

Essayer par d'abstraits raisonnements de calmer et rasurer les esprits, serait, à notre avis, une prétention téméraire. Peut-être sera-t-il plus efficace de sonder la plaie, de voir sous quelles impressions la confiance publique s'est altérée; d'examiner soigneusement si on a bien vu l'intérêt général là où il était réellement, et si pour le servir avec une partialité exagérée, on ne s'est pas complétement écarté des voies où il aurait fallu entrer pour lui procurer et lui garantir la jouissance d'immenses avantages.

En établissant d'abord, qu'après avoir longuement médité sur cette matière, nous avons cru reconnaître qu'une foule d'erreurs nous semblaient avoir présidé aux discours, aux arrangements, conventions et stipulations de toute nature, dont cette branche de l'industrie sociale avait été l'objet et l'occasion, nous avons besoin de déclarer que nous n'entendons nullement en faire le reproche à qui que ce soit en particulier. A notre avis, d'anciennes utopies érigées comme axiomes ou principes, dans les traités fort obscurs et fort contradictoires des économistes, ont faussé l'opinion publique, laquelle, ainsi que cela doit être en certaines limites, a réagi sur l'opinion des chambres, et cette opinion a été largement adoptée par le gouvernement jusqu'à la session dernière, où cependant quelques velléités de sortir des anciens préjugés ont timidement apparu dans quelques actes et quelques paroles.

C'est à combattre ces dispositions, dont nous ne nous dissimulons pas assez la généralité, pour n'être pas effrayé de notre entreprise, que nous allons nous livrer. Nous obéissons ici au sentiment d'une intime conviction qui nous dit que les erreurs ruinent les moyens de prospérité les plus réalisables et les plus efficaces offerts à notre pays, et que c'est un devoir pour tout citoyen et surtout pour tout mandataire du pays, de faire tous ses efforts, quelque méfiance qu'il ait de ses propres forces, pour conjurer un danger et dissiper des erreurs qui menacent la nation dans la réalisation des plus brillantes destinées.

DES CONCESSIONS.

Chaque fois qu'une concession pour la création d'un établissement à l'usage du public est en instance, on ne voit d'abord dans cette demande qu'une spéculation privée en action, et, sans trop approfondir les chances et les communautés ou divergences d'intérêt du concessionnaire et du public, on pose d'abord comme principe, que les bénéfices du premier sont nécessairement prélevés aux dépens du second; qu'il y a dès lors et toujours opposition et rivalité d'intérêts entre les deux; que l'un étant fort actif et l'autre à peu près passif, c'est au secours de celui-ci qu'il faut se porter avec énergie; que c'est une tutelle de conscience à exercer en faveur d'un mineur inhabile à se défendre; qu'il y a procès flagrant, patent, inévitable; et vite, au lieu de se faire juges, nos esprits impressionnables et généreux se font avocats.

Mes chers et honorables collègues, ne sont-ce pas là en effet vos dispositions? et chaque fois que vous avez à méditer sur un projet de loi de concession, toute votre sollicitude ne se porte-t-elle pas à la protection exclusive de ce que vous croyez être l'intérêt public, lors même que vous auriez fort peu de confiance dans la bonté des chances du spéculateur?

Eh bien! en fait, nous déclarons qu'après avoir examiné cette question, nous avons reconnu que presque jamais les intérêts du concessionnaire et du public, tel qu'il convient de le comprendre et de le définir, ne sont en opposition réelle; qu'au contraire, non-seulement ils se concilient, mais qu'ils se secondent mutuellement et se confondent; que les uns ne peuvent péricliter sans que les autres souffrent; et qu'ils ne peuvent être favorisés l'un sans l'autre.

Que cette proposition soit déjà traitée de paradoxe par quelque-uns de nos lecteurs, que tous les autres en demeurent étonnés, nous nous y attendons mais la démonstration va suivre, et le paradoxe ne supporte pas l'épreuve d'une démonstration loyale.

DES TARIFS.

Pour sortir des généralités, nous allons prendre une application, mais l'application la plus vaste et la plus concluante : nous allons prendre notre démonstration dans les chemins de fer; et nous posons tout d'abord la question sur le tarif : Sera-t-il fort? sera-t-faible?

Déjà nos adversaires triomphent : Quoi, disent-ils, vous voulez démontrer une conformité d'intérèts, et vous citez le tarif? Ne voyez-vous pas qu'un tarif fort, c'est l'avantage du concessionnaire, tandis qu'un tarif faible, même un péage gratuit, serait à l'avantage du public?

Erreur..... Non, un tarif fort n'est point à l'avantage du concessionnaire; non, un tarif trop faible, et même un péage gratuit, n'est point à l'avantage du public : bien entendu que ce mot public sera compris dans sa véritable acception et non dans une circonscription fractionnaire; c'est le public, c'est la masse de tous les citoyens que nous entendons.

Eh bien, pour ce public et pour le concessionnaire, il existe un tarif impossible à déterminer *à priori*, et cependant fixe pour chaque époque, et qui ne peut varier que d'après un changement dans les productions du sol, en raison de la propagation d'industries nouvelles dans le voisinage. Ce tarif, il n'a qu'un terme, au-dessus et au-dessous duquel il y a dommage pour les deux intéressés. Ce terme, le voici :

Le tarif doit-être abaissé jusqu'au chiffre où un nouvel abaissement ne produirait pas un accroissement de circulation susceptible d'apporter une augmentation de produit.

N'allez pas croire que c'est une grande et dangereuse latitude que vous laisseriez aux concessionnaires en leur donnant ce principe pour règle; détrompez-vous; les chances d'abaissement productif sont immenses. Il ne faudrait pas, par exemple, imaginer qu'il suffira pour donner à un chemin de fer une clientèle suffisante, de procurer aux colis un prix de transport moindre que celui de la route de terre à laquelle le chemin fait concurrence; nous n'avons pas peut-être en France trois grandes communications dont le service actuel pût desservir un chemin de fer. Ce seraient des entreprises ruinées, si elles ne parvenaient à doubler et tripler les relations du commerce; il faut que non-seulement elles absorbent toutes les marchandises qui voyagent aujourd'hui sur ces directions, mais que, par la modicité des prix, elles déterminent le transport de celles qui, malgré l'abondance de leur production, ne peuvent être consommées que dans un rayon circonscrit. C'est ce rayon que les concessionnaires des chemins de fer ont, dans leur intérêt, obligation d'étendre; voyez donc si l'abaissement du tarif ne doit pas être toujours le but de leurs efforts?

Mais si nous considérons l'exploitation des chemins de fer dans la partie la plus productive, sans contredit, et la plus susceptible d'une immense concurrence, le transport des voyageurs; oh! combien notre démonstration prend de force et de lucidité! Est-ce donc ici aux malles-postes et aux diligences qu'il faut faire concurrence pour le bien-être et la célérité? Est-ce donc avec les coucous, les pataches, voitures si complaisamment stationnaires devant les bouchons riverains, qu'il faut rivaliser à force de bon marché? C'est un concurrent bien plus exigeant, bien plus obstiné, qu'il faut vaincre; c'est le piéton qu'il faut séduire et entraîner; c'est lui qu'il faut amener à calculer si, en vous refusant l'obole, il ne trouverait pas compensation dans l'usure de ses souliers.

Hors le piéton, soyez-en sûrs, point de salut pour le chemin de fer. Le voyageur seul alimente encore un peu le chemin de fer de Lyon à Saint-Etienne. Cette ressource imprévue, ne croyez pas qu'elle soit uniquement l'héritage des diligences : deux préexistaient et transportaient environ trente-six personnes journellement, une a continué de marcher et fait bien ses affaires; or, le chemin transporte par jour cinq cents personnes et plus : où les a-t-il prises, si ce n'est en recrutant le cavalier et le piéton?

Établissons donc, *comme fait,* que le concessionnaire

est intéressé grandement à l'abaissement de son tarif, et qu'il ne l'arrêtera qu'après avoir, par tâtonnement, reconnu le terme que nous avons formulé.

Mais nous ne sommes parvenus qu'à la première partie de notre démonstration, et probablement pas à celle où on nous présage le moins d'acquiescement. On dira . . . . . « Soit, pour obtenir le maximum de bénéfice, le conces-« sionnaire a intérêt à abaisser son tarif et même à l'abaisser « beaucoup; mais enfin, cette limite fixée par le maximum « de bénéfice, s'il la dépassait, s'il baissait encore son tarif, « il gagnerait moins, et toute la part enlevée à son bénéfice, « c'est le public qui en profiterait. »

Ici plaçons la définition du mot public :

Est-ce une agrégation d'individus qui, soit comme producteurs, soit comme consommateurs, tirent un profit immédiat de l'exploitation d'un chemin de fer établi dans leur contrée?

Est-ce plutôt cette masse de citoyens répandue sur toute la surface de la patrie?

Honorables collègues, représentants de tous les intérêts du royaume, cette distinction de la fraction avec le tout, ne peut vous échapper. Hommes de la France, l'intérêt *public* pour vous, c'est celui de toute la France.

Maintenant, analysons un peu la nature des intérêts financiers d'un concessionnaire de chemin de fer, voyons les charges et les produits :

Les charges sont de deux natures, *proportionnelles* ou *fixes*.

Les charges *proportionnelles*, c'est-à-dire, inhérentes au travail opéré, et croissant ou diminuant selon son importance, sont :

1° Les frais de traction.

2° Les frais d'entretien du chemin et du matériel mobile de l'exploitation.

Les charges *fixes*, c'est-à-dire les dépenses qui chaque année doivent être prélevées sur le produit avant qu'il y ait lieu à bénéfice, sont :

1° Les intérêts légaux du capital consacré à la confection

originaire de son matériel, et à la formation d'un fonds de roulement.

2° Les frais d'administration générale, non compris ceux de service et de surveillance, qui rentrent dans la classe des dépenses proportionnelles.

Les produits n'ont qu'une seule source divisée en plusieurs branches ordinairement, mais qui toutes se réduisent à l'application d'un péage plus ou moins varié.

La masse des dépenses proportionnelles prélève d'abord une fraction constante du péage, et la fraction restante doit subvenir aux frais fixes.

La différence entre cette fraction et les frais fixes, constitue le bénéfice ou la perte.

Il suit de là que, plus la fraction restante sur le tarif, élément du péage, après le prélèvement des frais proportionnels, est multipliée par la quantité des transports opérés, mieux elle peut satisfaire aux besoins des dépenses fixes, et laisser le reliquat d'où naîtra le bénéfice.

Il serait bien difficile de poser, même approximativement, la proportion qui doit régner entre ces éléments, chaque exploitation devant, à cet égard, présenter des données différentes; cependant, on s'écartera peu de la vérité en supposant que, dans les tarifs en usage, les frais proportionnels emportent entre les 6 et 7 dixièmes du péage. On voit donc qu'il ne reste que 4 ou 3 dixièmes pour couvrir les dépenses fixes et produire le bénéfice. Supposons 3 dixièmes et demi, et admettons pour simplifier que le demi-dixième suffit aux dépenses de l'administration générale, il restera 3 dixièmes pour subvenir aux intérêts du capital employé et au bénéfice espéré.

Or, on sait maintenant combien la construction d'un chemin de fer exige de dépenses, et combien sa mise en exploitation exige d'avances; on ne trouvera donc sûrement pas exagérée l'hypothèse que les intérêts légaux de cet énorme capital pourront absorber deux tiers du produit restant, autrement dit, le produit dû à deux dixièmes du produit total du péage, suffisaient à garantir les intérêts cinq pour cent du capital engagé. Nous plaçons donc ici le concessionnaire dans une position très favorable, une position que ceux-là même qui désireraient le plus limiter ses profits, n'oseraient lui supposer. Eh bien, cette grande prospérité aboutit cependant à un bénéfice de deux et demi pour cent, autrement que le concessionnaire tirera sept et demi pour cent du capital engagé.

Maintenant, examinons la position du public, c'est-à-dire, en cette occurence, la position des usagers du chemin comme producteurs ou consommateurs,

Pour eux d'abord, le bénéfice est certain; car, pour qu'ils aient fréquenté la voie nouvelle, il a fallu qu'ils aient trouvé économie comparativement aux voies dont antérieurement ils faisaient usage.

Ce bénéfice ou cette économie ont dû être considérables, car le concessionnaire n'a pu, ainsi que nous l'avons démontré, se borner à séduire par une réduction quelconque de tarif les habitués des autres voies; il a été dans l'obligation d'arriver à créer, par l'abaissement des prix de revient, une plus grande consommation des marchandises, et peut-être de donner ouverture à de nouvelles relations de commerce, en facilitant des échanges entre des productions que la cherté antérieure des transports n'avait pas permis d'exploiter autrement qu'en proportion des besoins de la contrée restreinte où elles se produisent.

Admettons cependant que l'on veut encore accroître pour les usagers, cet avantage déjà si grand, et surtout si certain.

Réduisons, par exemple, le produit du péage d'un dixième; pour cela (en supposant, comme nous avons démontré qu'il était dans l'intérêt du concessionnaire de le faire, le tarif réduit au point de procurer le maximum du produit de péage), il est clair qu'il suffira de réduire le tarif d'un dixième de plus. Or, voyons quel sera le résultat de cette réduction pour les usagers et pour le concessionnaire.

Pour les usagers, le minimum de la réduction des frais de transport qu'ils retirent d'un chemin de fer, comparé à une voie de terre, c'est soixante pour cent, Ce n'est donc que pour quarante francs qu'ils contribuent au produit du péage, à raison d'une quantité de marchandise qui, sur la voie de terre, leur aurait coûté cent francs.

Mais si, pour les favoriser davantage, on réduit le produit du péage d'un dixième, ils devront y contribuer pour un dixième de moins, c'est-à-dire pour trente-six au lieu de quarante; et leur bénéfice sera de soixante-quatre au lieu de soixante, c'est-à-dire qu'il sera augmenté de moins de sept pour cent; c'est-à-dire, qu'un chemin de fer qui aurait procuré cent francs de profit à un usager, lui procurera, par la réduction proposée aux dépens du concessionaire, cent sept francs.

Voyons maintenant pour le concessionnaire :

Nous avons vu qu'après les dépenses proportionnelles acquittées, il pouvait lui rester, dans un cas d'exploitation favorable, trois dixièmes du produit du péage;

Qn'en cavant au plus bas, les intérêts cinq pour cent du capital engagé enlèveraient au moins deux de ces trois dixièmes, et que le troisième composerait le bénéfice réel de la spéculation.

Nous avons après cela supposé que, pour mieux servir les intérêts du public *usager*, on lui sacrifierait tout ce bénéfice, et l'exposé ci-dessus donne à cette mesure ce résultat :

Que le concessionnaire a perdu son temps et ses peines, et n'a recueilli pour lui-même aucun fruit du bien qu'il a répandu dans le pays;

Que l'usager qui aurait gagné cent francs lorsque le concessionnaire aurait fait le plus grand bénéfice possible, en gagnera cent sept.

Et maintenant, ceci posé, nous vous dirons à vous, zélés défenseurs des intérêts publics, nous vous dirons qu'il y a calamité publique, dommage national immense, et sacrifice complet des intérêts les plus précieux du pays, pour quelques mesquins avantages accordés à une collection fractionnaire d'intérêts privés.

En effet, qu'importe aux habitants du midi et de l'ouest que sur un chemin de fer situé dans le nord, les usagers de ce chemin gagnent soixante-quatre pour cent au lieu de soixante?

Ce qui leur importe réellement, c'est d'arriver aussi à leur tour à participer à cet avantage de réduire leurs frais de transport de soixante pour cent. Or, pour qu'ils y parviennent, que faut-il? Il faut que l'entreprise de la construction d'un chemin de fer soit profitable, le plus grandement profitable possible à ceux qui l'acceptent. Il faut que ces entreprises offrent non pas seulement aux spéculateurs, mais aux souscripteurs sérieux, un emplacement avantageux de leurs capitaux; il faut que le père de famille voie là un emploi avantageux de ses économies; il faut y convier les capitalistes prudents et honnêtes, ces hommes qui ne risquent jamais individuellement de grosses sommes, mais qui cependant, vu leur nombre, ont une énorme puissance financière. Ah! quand ces souscripteurs si recommandables, en intervenant dans la création de nos établissements industriels, devraient y trouver des sources d'opulence, y aurait-il donc à s'en plaindre? Ne voit-on pas combien ces succès auraient d'influence pour faire surgir de nouvelles entreprises, et étendre sur tout le pays les bienfaits de la civilisation?

Voilà, voilà le véritable intérêt public. Qu'on cesse donc enfin de se préoccuper du soin de pressurer les concessionnaires au prétendu profit du public; nous avons prouvé que l'usager n'était pas le public, et nous avons prouvé que l'intérêt public, celui de l'usager, celui du concessionnaire, étaient d'accord pour l'abaissement du tarif jusqu'au terme où cet abaissement amènerait une réduction de bénéfice pour le concessionnaire; et que par delà ce terme, l'intérêt public et celui du concessionnaire défendaient d'y toucher.

Oui, l'intérêt du public, l'intérêt du pays, pour mieux préciser la pensée, n'est pas que tel chemin de fer, toujours favorable à ses usagers, le devienne au point de nuire aux intérêts du concessionnaire; le véritable intérêt du pays, c'est que le bénéfice toujours certain, le bénéfice toujours considérable que les usagers tirent des chemins, soit le plus possible étendu à toutes les contrées de la France ; et le vrai, le seul moyen d'approcher de ce désirable résultat, c'est de favoriser les entreprises, c'est de faire qu'un emploi de capitaux y assure des profits considérables, susceptibles de diriger vers cette voie tous les spéculateurs prudents, ceux-là qui placent et ne jouent pas.

Si notre argumentation a eu le bonheur de convaincre, il en sera tiré ces conséquences :

1° Que l'intérêt public et celui du concessionnaire étant que le tarif du péage sur un chemin de fer soit abaissé jusqu'au terme où cet abaissement n'augmenterait plus assez pour produire un bénéfice, et qu'en l'abaissant au-dessous de ce terme, l'intérêt public comme l'intérêt du concessionnaire en souffriraient, il faut, dans une concession qui relate le tarif, le porter à un taux assez élevé pour être assuré que le concessionnaire n'hésitera pas à l'abaisser.

2° Que puisque le tarif, dans l'intérêt public comme dans celui du concessionnaire, est assujetti à un terme fixe pour chaque époque, qui ne pourrait être modifiée, en plus ou en moins, sans préjudice pour les deux intérêts confondus sur ce point, ce ne pourrait être sur le tarif que porteraient les rabais, dans le cas ou il y aurait jamais lieu à adjudication avec concurrence pour une concession de chemin de fer.

LA DURÉE DES CONCESSIONS.

Avant d'entrer dans l'examen de cette haute question de moralité sociale qu'il nous soit permis de jeter quelques regards sur le développement dont la spéculation des chemins de fer nous paraît susceptible.

Supposons qu'enfin, bien pénétré de ces grandes vérités que l'intérêt public est intimement lié à la prospérité des concessionnaires, que les bénéfices les plus considérables faits par ces compagnies tourneraient également à la prospérité de la société générale, on ait abandonné ce système de restrictions et d'entraves dont on a jusqu'à ce moment embarrassé l'accès et la marche de ces délicates entreprises; alors, grâce à la tutélaire protection qui aurait succédé à une rigueur si austère, à une méfiance si hostile, les chemins de fer procureraient des bénéfices assez considérables pour provoquer de toute part le désir d'y participer.

Nul doute qu'un développement immense et rapide ne fut donné à cette industrie, d'autant qu'il ne s'agit pas ici d'enfouir des capitaux qui ne doivent plus se reproduire; au contraire, il s'agit de donner à un capital considérable, produit de l'accumulation de petits capitaux individuellement prélevés sur des économies privées, un écoulement accéléré et une grande dissémination, qui produisent immédiatement un excédent de consommation d'où résulte un redoublement de mouvement de circulation, par conséquent une augmentation de sources d'économie, par conséquent de nouveaux dépôts où puiser, pour une entreprise nouvelle, les capitaux dont elle a besoin.

Cela peut surprendre au premier abord; mais il n'en est pas moins certain que, bien loin de tarir les sources de celles qui naîtront après elle, une grande entreprise, lorsqu'elle réussit, en provoque et facilite de nouvelles, et multiplie les ressources que celles-ci doivent puiser dans la prospérité et la confiance publique.

Cela est vrai surtout pour les chemins de fer, car ici le concours cesse d'être une concurrence, ou plutôt la concurrence est bien plus souvent un avantage qu'un danger. Se figure-t-on tout ce qu'un réseau à nœuds rapprochés procurerait d'accroissement de circulation sur les différentes lignes? Les embranchements, c'est la fortune du tracé principal; et c'est un secours réciproque et non une rivalité qui résulte de toute rencontre de chemin.

Posons donc en principe que le succès d'un chemins de fer prépare des ressources et des chances pour la création de nouveaux chemins, et que la multiplication des chemins accroît les chances de prospérité de ceux qui existent et donne de plus fortes garanties à ceux à créer.

Quel vaste avenir, qu'elle progression de richesse! Oui, toute la difficulté consiste à entrer dans la voie; cet obstacle vaincu, le sol s'aplanit et la perspective est immense. On n'oserait assigner combien de richesses peuvent se rattacher à ce genre de spéculations, dont les limites sont si étendues; convenons seulement que si les chemins de fer réussissent, ils arriveront à ce point de représenter en France un des éléments les plus considérables de la fortune privée. C'est à cette conclusion que nous avions besoin d'amener nos lecteurs comme prémisses de notre argumentation.

Il a été de tout temps reconnu que le premier élément de l'ordre social, c'était l'esprit de famille. Où la société puiserait-elle en effet ce sentiment de la perpétuité qui seul fait sa force et assure ses progrès, si ce n'était dans l'esprit de famille, lequel vit de cette pensée de perpétuité inspirée par la nature, qui grava dans le cœur humain le sentiment inné de la paternité? Mais cet esprit de famille où se rattache-t-il? comment s'entretient-il? où se matérialise-t-il en quelque sorte pour prendre une forme solide, durable, qui le fasse résister à l'instabilité des sensations humaines? dans la propriété, la propriété qui rappelle les ancêtres à qui on la doit, les descendants à qui on la transmettra après y avoir peut-être gravé son souvenir par quelques accroissements, quelques améliorations. Ménageons donc ce lien d'union et de morale sociale; faisons qu'il soit, autant que possible, stable et honoré; facilitons à toutes les familles le moyen de le faire naître et de l'entretenir; et surtout ne les provoquons pas, par la séduction de jouissances anticipées, à concentrer sur une ou deux générations des fruits dont le renouvellement périodique eût dû être perpétué, afin d'avoir réellement le caractère moral et fécond de propriété de famille.

Est-ce là ce que nous faisons? Non..... A notre honte et à notre grand péril nous faisons le contraire.

Lorsque l'industrie, dans sa véhémente effervescence, tend à créer partout de nouvelles propriétés foncières, de ces propriétés qui, puisant déjà une partie de leur essence dans la propriété territoriale, participent comme elle à une sorte de fixité de revenu, à une faculté d'amélioration par une bonne gérence, à *l'honneur* de payer au pays le tribut le plus sûr, le plus juste, le plus civique, l'impôt foncier; lorsque ce nouveau genre de propriété, avec quelques autres analogues, va peut-être monter au double de la valeur de la masse des propriétés territoriales existantes aujourd'hui, c'est à le flétrir du caractère fatal de propriétés viagères que tendent nos efforts, nos discussions, nos lois.

Ce sont les traités de nos économistes, les propositions de nos gouvernants, les discussions de nos chambres, nos lois qui tiennent à la société ce cynique langage :

« Écoutez, voici une affaire qui promet d'heureux
« résultats; mais nous sommes maîtres de rendre les
« conditions plus ou moins favorables; eh bien! puisque
« votre intérêt personnel est de vous assurer une existence
« non-seulement aisée, mais opulente, hâtez-vous de placer
« vos capitaux dans cette affaire, car la seule condition
« que nous voulions vous imposer, ne vous touchera guère;
« il s'agit seulement de porter à un terme que votre exis-
« tence ne saurait dépasser, la jouissance des produits : et
« après ce terme écoulé, revenus et capital, tout disparaîtra.
« Vous n'y serez plus, que vous importe?

« Un moment....... vous jetez un regard inquiet sur ce
« jeune homme, sur cette jeune fille qui vous accompagnent,
« dont la destinée vous préoccupe : eh bien! que votre
« conscience soit en repos, nous allons les comprendre
« dans le terme; ils ont vingt ans, le terme sera à soixante-
« dix ans; ils sont plus jeunes encore : eh bien! quatre-
« vingt-dix, quatre-vingt-dix-neuf, soit. A présent, qu'avez-
« vous à désirer? »

Il n'est que trop vrai! Beaucoup ne désirent rien de plus; pour eux, quatre-vingt-dix-neuf ans et la perpétuité, c'est la même chose; mais est-ce à vous, Chambres et Gouvernement, est-ce à vous à spéculer sur un aussi vil sentiment? est-ce à vous à le provoquer par une tacite approbation, par des lois qui, en faisant appel, semblent le sanctionner?

Croyez-vous donc que c'est un tort léger que de préparer à la société, dans l'avenir, d'aussi terribles perturbations!

Que vos efforts tendent à faciliter à toutes les familles misérables l'amélioration de leur avenir, soit; c'est une noble entreprise, un but louable qu'il n'est pas impossible d'atteindre; c'est enfin un moyen de consolider l'ordre et le bonheur social; mais quand, au contraire, vous préparez infailliblement des mutations opposées; quand vous fixez froidement l'époque où l'opulence se transformera en misère; avez-vous assez réfléchi à la responsabilité que vous assumez et aux affreuses conséquences qui ne peuvent manquer de découler de vos imprudentes mesures? Avez-vous calculé les effets des germes de tempêtes que vous semez dans les champs de l'avenir? Avez-vous pesé tous les embarras que jettent dans une société les grands bouleversements dans les fortunes privées? Vous ne pouvez nier ces terribles conséquences; voyons vos compensations :

Une association de capitalistes honnêtes, souscripteurs sérieux, préoccupés de dividendes et non de primes, a conçu un projet qui ne peut servir ses intérêts particuliers qu'autant que, dans une proportion bien plus large, il servira ceux de la société. Elle s'adresse à l'administration et au pouvoir législatif pour obtenir l'autorisation de faire ainsi le bien de tous; et voici ce qu'on lui répond :

« Achetez au préalable et à perpétuité, à ceux qui le
« possèdent, le terrain qui vous est indispensable; couvrez-
« le, à grands frais, des constructions nécessaires à
« l'exploitation que vous projetez; puis, au bout de tant
« d'années, nous qui ne contribuerons en rien à ces
« dépenses, pour vous remercier des avantages supérieurs
« aux vôtres que nous en aurons tirés, nous nous déclarons
« vos héritiers, tant pour le fonds que pour les fruits.
« Telle est la protection que l'État vous accorde; tel est
« l'encouragement qu'il offre aux entreprises utiles; tel
« est le moyen ingénieux d'accroître gratuitement en
« immeubles et meubles le domaine de l'État, en stimulant

« le vil penchant de l'égoïsme parmi les citoyens, en
« exploitant cette déplorable corruption, ce matérialisme
« de sentiment qui font que, pour trop de gens, *la durée*
« *de la vie, c'est le temps.* »

Répudions à jamais ces procédés honteux qui tendent à
produire des recettes illicites. Que le trésor national soit
à jamais préservé de ces héritages frauduleux; et croyons
que le plus fatal de tous les impôts, c'est celui dont la
perception s'établit à l'aide de la corruption de la morale
publique.

Nous concluons de ce qui précède qu'on doit renoncer
au système des concessions temporaires, en ce qui concerne
les entreprises de chemins de fer.

DES SUBVENTIONS ET DES GARANTIES D'INTÉRÊT.

On a souvent proposé de favoriser les demandes en
concession de chemins de fer, en faisant offrir par l'État,
soit une subvention en capitaux, soit la garantie d'un
minimum d'intérêt pour le capital engagé.

Autant nous sommes disposé à insister pour que le
gouvernement protège l'extension des profits des concessionnaires des entreprises qui, débarrassées d'entraves, de
prescriptions, et de conditions restrictives, présentent des
chances favorables; autant nous croyons que ce serait mal
à propos que le gouvernement provoquât à l'acceptation
d'entreprises qui ne sauraient procurer, par leurs produits
intrinsèques, une compensation suffisante des avances à
faire et des frais d'exploitation, qu'en grevant le trésor
public, soit d'une subvention, soit d'une garantie de
minimum d'intérêt.

N'est-il pas en effet évident que, dès lors que tel chemin
de fer ne pourrait recueillir, en droits de péage, une somme
capable de compenser les dépenses, c'est que ce chemin
n'a point une utilité correspondante aux sacrifices qu'en-

traîne son établissement? qu'au moins, il y aurait plus de
convenance et d'urgence à établir d'abord les chemins
susceptibles de se suffire à eux-mêmes, car ceux-ci devant
nécessairement être les plus suivis, seront indubitablement
les plus utiles. Il ne faut donc pas, en imposant des charges
à l'État, exciter les capitalistes à porter leurs placements
sur des entreprises moins avantageuses au pays.

Est-il vrai, en réalité, que l'intervention du gouvernement
soit comme bailleur de fonds, soit comme garant d'un
minimum de produit, puisse être un encouragement pour
une entreprise? l'impression qu'elle produira dans l'opinion
correspondra-t-elle au secours effectif qu'elle procurera?
Nous ne le pensons pas : il nous semble, au contraire,
que cette intervention secourable discréditera l'entreprise
et rendra douteuses ses chances de succès. La confiance
ne saurait se porter sur une entreprise qui, avant de naître,
réclame des secours et implore des garanties.

DE LA CONCURRENCE EN FAIT DE CONCESSIONS
DE CHEMINS DE FER.

Nous avons démontré que le meilleur tarif était un
chiffre fixe impossible à apprécier *à priori*, qui ne pouvait
être déterminé qu'à l'aide du tâtonnement.

Nous venons de prouver que la concession ne devait pas
être temporaire.

Nous sommes convaincu en outre qu'aucun établissement de chemin de fer ne doit être entrepris qu'autant que
son exploitation présentera des chances de profit, de sorte
qu'en aucun cas nous ne voudrions admettre ni subsides
ni garanties de la part de l'État.

Or, dès lors qu'il n'y a ni tarif, ni durée, ni subsides
qui puissent être soumis aux rabais, sur quoi porteraient-
ils? et comment procéder à une adjudication entre divers
prétendants?

Nous nous hâtons cependant d'abandonner cette difficulté

de fait, quoiqu'elle nous paraisse insurmontable; nous préférons obtenir l'assentiment à nos raisonnements, plutôt que la reconnaissance d'une impossibilité matérielle.

Nous croyons avoir posé solidement ce principe, que *le succès* d'une entreprise de chemin de fer était une cause de prospérité publique.

Ceci admis, comment établir un concours? Il est évident que, quelque base que l'on adoptât, ce concours ne pourrait avoir d'autre échelle qu'un accroissement dans la dureté des conditions, et par conséquent une diminution dans les chances de profit; c'est-à-dire que la concession serait attribuée à qui s'engagerait à la rendre moins profitable pour lui, et par conséquent pour le pays; car, répétons-le, l'intérêt du concessionnaire et l'intérêt public, bien définis, bien compris, sont d'accord.

Les concessions mises en adjudication obligent les concurrents, toujours intéressés à ne pas faire connaître leurs intentions, à concentrer en un petit nombre d'individus leur association; à moins toutefois que cette association originaire ne se compose de spéculateurs agioteurs, peu soucieux des conditions d'une exploitation à laquelle ils ne prétendent point participer personnellement. En effet, aucun actionnaire sérieux ne voudra hasarder ses engagements sur une affaire dont les conditions restent inconnues, et pour l'acceptation desquelles il serait forcé de se confier à la gestion d'un petit groupe d'agents fondateurs de la société. C'est en effet une des conséquences du système d'adjudication, que de livrer les entreprises à une association restreinte qui contracte des engagements au-dessus de ses forces, comptant qu'après l'obtention du brevet, elle verra le public empressé de venir prendre une part de solidarité dans ses affaires, et subvenir ainsi à l'impuissance effective où elle serait de remplir, sans aide, les engagements pris par elle par avance, et sans garantie de coopération.

Si, au contraire, on admet les concessions directes sur soumission raisonnée et détaillée, ces soumissions, prospectus irrécusables, auront pu être connues et méditées avant leur dépôt; des adhésions suffisantes auront pu être recueillies, car, avant de les donner, chacun aura pu calculer sous quelles conditions il contracte. Les noms propres insérés au contrat ne seront donc plus ceux d'hommes se prétendant les représentants tacites d'une masse de futurs intéressés encore inconnus, mais bien ceux d'une série d'actionnaires sérieux dont la signature ne représentera que les capitaux dont ils peuvent et veulent personnellement disposer; moyen le plus efficace peut-être, pour proscrire l'agiotage, ce fléau de nos opérations industrielles et financières.

C'est donc à la priorité de la soumission déposée pour une entreprise de chemin de fer que nous voudrions que fût, *de droit,* accordée la concession; bien entendu, seulement dans le cas où le projet en lui-même soigneusement examiné par l'administration, ne présenterait pas quelque vice, soit de conception, soit d'exécution, capable d'en compromettre le succès.

Mais, nous dira-t-on, si deux demandes ayant un semblable but, vous sont présentées simultanément, comment déterminerez-vous votre choix?

Il nous semble qu'en pareil cas un concours peut seul prévenir l'arbitraire; mais loin de nous la pensée de faire porter ce concours sur une réduction des chances de profit; ce serait violer toute la théorie que nous venons d'établir; au contraire, nous voudrions qu'en pareil cas le concours portât uniquement sur la question d'art, et que le projet qui présenterait le plus de perfection de détails, qui serait le plus commode, le plus durable et le plus économique, fût préféré.

En résumé, pour la propagation de l'établissement des chemins de fer, dont le pays a à attendre tant de multiplicité dans ses moyens de prospérité, il faut :

1° Ne point s'attacher, dans les concessions, à limiter les chiffres du tarif, afin de laisser la latitude nécessaire pour arriver, par le tâtonnement, à connaître jusqu'à quel point son abaissement peut-être porté, pour qu'il en résulte le plus grand bénéfice possible pour le concessionnaire.

2° Donner la perpétuité aux concessions, afin de ne pas

provoquer les placements en viager, ce signe et cette conséquence de la dépravation de l'esprit de famille, sur lequel repose et se consolide le lien social.

3° Ne point faire, pour le présent, de concessions qui exigeraient la coopération du gouvernement, soit comme subventionnaire, soit comme garant d'un minimum de produits.

4° N'admettre aucun concours qui devrait nécessairement tendre à diminuer les chances de la prospérité des entreprises, prospérité essentiellement liée à celle du pays; admettre comme un droit, la priorité des soumissions dûment accompagnées des documents nécessaires; et, en cas de simultanéité, n'accorder la préférence qu'au projet le plus parfait.

LE GÉNÉRAL LAMY,
DÉPUTÉ DE LA DORDOGNE.

Paris, 15 novembre 1838.

J. M. J.

Pensionnat de Saint-Thomas de Villeneuve
à Noyon (Oise), le 23 octobre 1901.

MADAME,

Monsieur le Curé de Noyon m'a transmis ce matin la lettre que vous avez adressée le 21 courant. Voici les quelques renseignements que je puis vous donner. Mère Félicité Céleste Petit, supérieure du Pensionnat de Noyon y est décédée le 28 janvier 1834.

Cette bonne mère a été en toute circonstance un modèle de vertu. Sa piété la rendait exacte à tous les exercices qui la rappelaient à Dieu. Sa dévotion était aimable, gaie, gracieuse.

Mère Petit, aux prises pendant 20 ans avec de douloureuses infirmités, a montré ce que peut la religion pour soutenir une âme dans l'exercice de la patience. Cette vertu lui était devenue comme naturelle. Au milieu des plaintes que lui arrachaient les cruelles souffrances qu'elle a endurées les 15 derniers jours de sa vie, une de ses filles, profondément affligée lui dit : Nous voudrions bien, Notre Mère, vous enlever vos douleurs et souffrir à votre place; quoi, ma fille répondit vivement cette pieuse malade, vous voudriez m'en priver? Et en même temps, l'expression de sa physionomie, confirmait tout ce qu'il y a d'héroïque dans ces paroles.

Mère Petit était âgée de 81 ans dont 52 ans de profession religieuse. C'est tout ce que je puis vous dire, Madame, de la vie de la vénérable Mère Petit, supérieure du Pensionnat. Et je suppose que c'est d'elle dont vous parlez. Je ne connais rien de sa famille. Je désire, Madame, vous avoir été de quelque utilité dans cette circonstance.

Daignez agréer, Madame, l'hommage de mon religieux respect.

Sœur NICOLE,
SUPÉRIEURE.

Tauris, 27 février 1809.

MA BONNE AMIE,

J'ai reçu le 15 février, ta lettre en date du 6 juin, tu vois que les communications avec la patrie, ne sont ni promptes ni fréquentes; néanmoins cette vieille lettre me cause un plaisir bien vif, il y a plus de six mois, ma chère amie, que je n'avais reçu aucune lettre et quoique je connaisse le véritable motif de cette privation, elle ne laissait pas de me causer de grandes inquiétudes, enfin je vois par la dernière lettre de ma mère, qu'au mois de juillet 1808 vous vous portiez tous bien, puisse cette lettre vous trouver tous encore dans le même état de santé.

Tu me félicites, ma chère amie, d'avoir su apprécier le néant et l'instabilité de la faveur; cette philosophie qui, lors de la prospérité empêche de concevoir de trop vastes espérances, devient très utile lorsque des événements imprévus viennent renverser celles que la saine raison avait autorisées; j'ai vu changer mon sort sans trouble et même presque sans regret, et quoiqu'il ne soit pas rigoureusement démontré que mon voyage sera sans fruit pour mon avancement, cette perspective m'est devenue familière, et je suis résigné.

Mon ambition a donc été abusée en Perse, mais de toi à moi, je te confierai que mon amour-propre trouve plus d'une jouissance dans la suite des succès réels que j'ai éprouvés; saches donc, ma chère amie, qu'après avoir appris en cinq mois une langue totalement différente de la nôtre, je suis parvenu sans flatterie, sans complaisance, à acquérir la confiance presqu'aveugle d'un prince auquel moi seul j'osais résister; mes études de Paris que j'ai su développer à propos, excitèrent la curiosité; un peu plus versé que mes camarades dans la théorie de la tactique militaire et surtout dans le secours que cette science tire des mathématiques, j'eus bientôt intéressé ce prince, dont tous les goûts sont guerriers; ne pouvant se livrer lui-même à des études suivies, il ne s'attachait qu'aux résultats, mais il voulut que je formasse des élèves qui eussent tout approfondi; cette entreprise était effrayante, je désesperai longtemps de réussir; cependant à force de soins, de fatigues, je suis parvenu à ouvrir la porte des connaissances européennes à 10 jeunes Persans; j'y ai joint toutes les applications aux arts que je connaissais et particulièrement à celui que je professe; déjà mes élèves ont rendu des services et, dans ce moment, ils vont s'occuper d'élever sur la frontière des forteresses construites suivant toutes les règles de l'art et dont les emplacements heureux sont le fruit de leurs connaissances militaires. Trois cours élémentaires ont été rédigés par moi en langue persane, ces ouvrages se multiplient et deviennent classiques; mais j'ai voulu que ce bienfait de l'instruction, que la Perse devra à la France, fut constamment évident et qu'il existât un monument impérissable qui manifestât clairement dans quelles sources furent puisées ces connaissances; j'ai donc laissé subsister dans ces ouvrages plus de 200 mots techniques français, qui sont ainsi encastrés dans la langue persane et, comme une partie de ces expressions n'appartiennent pas seulement à la science, mais peuvent être d'un usage usuel, nul doute que ces traces du séjour des Français en Perse ne soient bientôt étendues dans tout le royaume.

J'ai eu aussi le bonheur, moins brillant mais plus doux, de provoquer la destruction de plus d'une coutume barbare : par exemple, le cavalier persan ne fait point de prisonniers, à la guerre, il doit après chaque bataille présenter à son chef un certain nombre de têtes ennemies pour chacune desquelles il reçoit un salaire; j'ai représenté plus d'une fois au prince combien cette méthode était barbare et impolitique et, dans cette dernière campagne, il y eu défense de couper des têtes.

J'ai vu dans ce pays des chrétiens de toutes les sectes vexés et méprisés; je n'ai point oublié que ma famille est chrétienne et j'ai réussi quelquefois à adoucir le sort de quelques-uns.

Enfin, ma chère amie, j'ai mis la plus scrupuleuse attention à éviter jusqu'à l'apparence du vice, et mes ennemis même (car on en a toujours) n'ont pu proférer un seul reproche contre moi.

Deux fois le prince a témoigné à Napoléon sa satisfaction de mes services, le roi lui-même a écrit en ma faveur, mais que peuvent produire ces démarches lorsqu'il est prouvé maintenant que le souverain de la France n'eut jamais sur la Perse de vues réelles?

Ma mère t'aura raconté comment l'invasion des Russes et la défense faite aux officiers français de prendre part aux hostilités, avaient aliéné le prince et la nation contre nous; la Perse se voit jouée, ma chère amie, et dans la morale de ce pays les torts des gouvernements sont reversibles sur les particuliers; le prince a cependant tout tenté pour me détacher personnellement de la cause française, il m'a offert le commandement en chef de ses armées, en acceptant j'eusse cessé d'être Français, juge si j'ai peu balancé, maintenant je suis enveloppé dans la proscription générale, on me continue toujours des égards exclusifs, mais le changement était néanmoins trop sensible pour être supporté, j'ai donc notifié au prince qu'espérant le 21 mars avoir complété les travaux dont je m'étais chargé je le quitterais à cette époque; on m'a pressé inutilement de différer, je sais de plus qu'on a fait des démarches près de l'ambassadeur pour obtenir des ordres, mais ils seront inutiles, j'ai depuis longtemps acquis le droit de libre-arbitre, par trop de sacrifices, pour connaître encore des entraves. Je quitterai donc Tauris vers le 1er avril, je ferai un voyage en Perse pour l'observation et les intérêts du gouvernement français, je dirigerai ensuite ma course vers Babylone et j'espère vers la fin de septembre ou d'octobre revoir la France.

Je t'écrivais cela le 20 février, demain 27 je quitte Tauris pour aller faire une tournée ordonnée subitement par le prince, un bruit sourd, répandu aujourd'hui dans cette ville, annonce le départ de la légation française de Téhéran et l'arrivée des Anglais; je crois apercevoir quelque connexion entre cette nouvelle et l'ordre du prince qui m'écarterait de la route que suivra l'ambassadeur, mais à tout risque, je vais obéir; s'il a employé une ruse, ma fermeté la rendra inutile et ma noble confiance l'en fera peut-être rougir; je laisse cette lettre espérant qu'un courrier passera avant mon retour, peut-être la suivrai-je de près.

Je n'ai point de sot orgueil, ma chère amie, mais je sais en homme apprécier ce que l'homme peut et doit faire et, lorsqu'il a atteint ce but, je crois qu'il est permis à l'être raisonnable de sentir dans son intérieur une satisfaction personnelle, je concentrerai cette sensation parce que la prudence l'exige, mais à toi, qui partageas si souvent mes espérances et mes craintes, pour qui l'histoire de ma vie est en quelque sorte une seconde existence, à toi enfin, qui as besoin d'estimer ton frère pour être complètement heureuse, je te dis avec franchise et assurance que je suis content de cette épreuve; cette confidence n'a pas été faite à la meilleure des mères, non que je sois bien jaloux de lui procurer une idée flatteuse, mais parce que je sais que son cœur qui devance toujours sa raison aurait pu l'entraîner à quelque indiscrétion.

J'aurai donc, ma chère amie, le plaisir de t'embrasser l'hiver prochain, tu me reverras toujours comme capitaine, mais cependant bien tenté de cesser de l'être, sinon pour un autre grade, au moins pour une douce indépendance; le projet de ma mère me parait bien scabreux, c'est une dot bien fragile que la faveur des grands.

Tu coules dans ton ménage des jours heureux et tranquilles, je sens une vive impatience de contempler ce spectacle attachant, ici, ma bonne amie, il n'y a ni ménage, ni père, ni mère, ni enfant; l'image du despotisme se représente jusque sous la chaumière; le chef de famille est un maître inflexible souvent injuste et toujours orgueilleux, les enfants sont des domestiques vils et rampants et les femmes de tristes esclaves qui n'ont guère plus de sensations que les brutes dont elles se rapprochent.

Embrasse bien tes trois enfants pour moi, je suis bien aise que Lolie acquerre des talents, mais je pense, ma bonne amie, que tu es trop sage pour négliger les connaissances. Ma chère amie, un mari écoute avec plaisir sa femme jouer une sonate de piano trois ou quatre fois par mois, mais il cause avec elle matin et soir, en un mot les talents sont pour le monde, l'esprit pour le mari et c'est au mari qu'il faut songer. Camille, je l'espère, acquerra une santé plus vigoureuse, au reste,, ma chère amie, ne t'effraie pas, nous autres hommes, nous ne haïssons pas un peu de langueur, cela nous rassure; ne crains point de gâter trop ton fils, s'il y a quelques inconvénients, deux années de collège les font disparaître et la vie d'un homme est si dure qu'on ne doit jamais redouter d'avoir anticipé sur l'instant du bonheur. Crois-moi, ma chère amie, que ton fils connaisse toute ta tendresse, il aura peut-être besoin de se rappeler les caresses désintéressées de sa mère, pour trouver dans le monde une vertu. Embrasse bien tendrement Prosper pour moi, dis-lui que je lui tiens bon compte de toutes les fatigues que lui causent nos affaires communes.

TON FRÈRE,

ARMAND.

Je reçois à l'instant ta lettre, ma bonne Cécile, elle est datée du 18 août tu réponds à ma première de Bône, depuis, j'ai écris deux fois à Jules et deux fois à Alphonse je crois donc être en règle avec tout le monde; je t'envoie celle-ci par un bâtiment à voiles qui partira de Bône après demain directement pour la France et après demain j'écrirai à Jules ou Alphonse par un bateau à vapeur qui touchera à Alger; c'est le vent qui décidera laquelle de mes deux lettres arrivera la première.

Adolphe est assis en ce moment à côté de moi sous ma barraque de feuillage qui ne nous empêche pas de subir une chaleur de 36°, avec un vent de sirocco qui brûle comme l'haleine d'un four. Adolphe n'est plus cependant mon commensal, il a quitté mon quartier général pour celui du général Rulhière près duquel il est employé; sa tente n'est qu'à une petite distance de la mienne et nous nous voyons à chaque instant. Adolphe et moi nous nous portons très bien je n'étais pas à beaucoup près dans un état si satisfaisant quand il est arrivé, mais cette secousse m'a de fait, été très favorable. Mes aides de camp au contraire sont en assez piteux état : Béville chasse la fièvre à grande dose de quinine et Bonnemère après d'assez tenaces douleurs d'estomac a dû prendre un vomitif, à la suite duquel la fièvre s'est emparée de lui; je pense que le quinine en fera promptement justice, sans cela je l'enverrais à Bône suivre un traitement plus régulier, du reste, ce camp est très sain et les maladies que nous donnent les grandes chaleurs se guérissent promptement.

La semaine prochaine j'espère avoir ici accompli ma tâche et avoir complété d'une manière solide les fortifications du camp. Ackmett nous respecte toujours et nous n'avons guère que quelques tirailleries nocturnes pour lesquelles, je ne me relève plus.

Ma vie au camp, quoique très agitée, est assez uniforme :

ma tente est bien établie et lors des orages me couvre suffisamment; de la porte de derrière part un petit berceau de feuillage qui conduit à un joli cabinet construit en branchages qu'il soutient et qui épaississent un ombrage si défectueux; les parois du cabinet, qui a 15 pieds de côté, sont des clayons bien serrés avec des branches vertes de laurier rose et d'olivier, une porte et deux petites croisées sont tenues assez hermétiquement fermées pour me préserver des importunités de nos innombrables mouches, et celles qui pénètrent trouvent la mort dans une eau empoisonnée; derrière mon cabinet est une autre baraque moins soignée, qui sert de salle à manger; la table est de 16 couverts et nous sommes habituellement 12 parce que je mange avec mon état major; j'ai beaucoup amélioré mon ménage; je puis presque faire changer toutes les assiettes après la soupe, et il y a des plats pour le rôti; la cuisine elle-même a pris une certaine tournure depuis que Michel a été installé chef.

Nous avons des salmis et des bifteacks au beurre d'anchois, auxquels il ne manque que du beurre de lait; j'ai cependant une chèvre mais elle donne peu de lait; j'ai aussi des poules et par suite des œufs frais. Tu vois ma bonne Cécile, que malgré le pain noir de 8 à 10 jours de date, on vit encore au camp, très confortablement.

A la pointe du jour, les tambours et les trompettes nous réveillent tous : c'est ce qu'on appelle la Diane; puis après, une de nos musiques militaires nous donne une sérénade : c'est avec empressement que chacun déniche de sa tente pour jouir de ces heures de fraîcheur; je me hâte de parcourir mes ateliers; à huit heures le soleil brûle et le travail cesse; nous rentrons, nous déjeunons puis on fait les écritures et les dessins jusqu'à 3 heures après midi; le travail recommence et finit à 6 heures; alors, l'Afrique est dans son éclat; le paysage étincelle de mille teintes brillantes. On dîne partout, excepté les musiciens qui ont mission de jouer des symphonies pour tous les dîneurs; la nuit vient brusquement et une brise s'élève qui permet très difficilement de conserver de la lumière : cela raccourcit beaucoup les soirées, et, avant 9 heures, tout le monde est couché. Ces trop longues séances au lit m'ennuient et me fatiguent, mais c'est sans remède, car ma barraque ne protège pas la bougie, et dans ma tente je serais accablé de mouches.

Selon toute apparence, nous irons à Constantine du 15 au 20; tout le matériel de l'artillerie et le mien, sont ici; les vivres seuls sont encore en retard; les renforts de troupes arrivent chaque jour. Tout est en bon train.

J'ai reçu une lettre de Jenny; de Jenny toute seule; son style est gentil mais moins naturel qu'elle. Je remercie bien les tantes de leurs complaisances pour toi; je suis enchanté de tes réflexions sur l'avantage de savoir t'occuper des autres et montrer de l'obligeance; persiste, ma bonne Cécile, à t'occuper de te rendre agréable à tous; crois que la complaisance et la prévenance ne sont jamais réellement des duperies ou des mécomptes, car, si de quelque côté on néglige de vous en tenir compte, d'autres qui observent, vous en dédommagent amplement, cela fait pardonner bien des défauts; par exemple moi, je suis vif, souvent brusque, et cependant j'ai beaucoup d'amis parce que j'ai été souvent obligeant et toujours prévenant. Embrasse bien Alphonse pour moi et aimez-vous comme je vous aime, ne m'oublie auprès de personne à Palaiseau. Mes compliments à Mr Aubert.

TON TENDRE PÈRE,

LAMY (1).

(1) Cette lettre était écrite à sa fille aînée, Cécile, âgée de 18 ans.

RELATION

DE

MON NAUFRAGE AU CAP DE BONNE-ESPÉRANCE

ET DE

MON ARRIVÉE A SAINT-MALO

Mon mari qui était établi à l'Isle-de-France depuis plusieurs années, désirant revenir en France, me proposa de passer sur le vaisseau *Le Centaure;* c'était un des plus forts vaisseaux de la Compagnie des Indes; il était monté de soixante-quatorze pièces de canon et de quatre cent-cinquante hommes d'équipage.

Certainement je ne pouvais trouver d'occasion plus favorable pour faire le passage avec ma petite famille qui consistait en quatre enfants dont l'aîné n'avait pas encore six ans; j'avais de plus une négresse pour en avoir soin. D'ailleurs je connaissais le capitaine et deux dames qui passaient avec moi avec leurs maris. Malgré tous ces avantages, et l'envie extrême que j'avais de revoir ma famille, j'avais bien du regret de laisser mon mari après moi; ses affaires n'étaient point encore terminées; il ne pouvait partir qu'au mois de mars; ma grossesse, je l'étais alors de trois mois, ne me permettait pas d'attendre ce terme, de crainte de faire mes couches en mer; c'est pourquoi je me déterminai à m'embarquer sur *Le Centaure* dont la marche promettait une assez prompte traversée pour me rendre en France avant mon terme.

Mais Dieu, qui se joue de la prudence humaine, me fit éprouver tout le contraire par le revers le plus accablant; je le soutins, grâce à sa bonté, avec une fermeté dont je ne me serais jamais cru capable, vous allez en juger par le récit de mes aventures.

On mit à la voile le 19 décembre 1749, le temps fut très favorable les quatre premiers jours; le lundi 12 jan-

vier 1750 le vaisseau essuya des bourrasques de vent très
fortes, la vergue du grand perroquet tomba même sur le
gaillard, heureusement personne ne fut blessé.

Quand les vents eurent cessé on reprit la route du cap
de Bonne-Espérance où on devait relâcher, parce qu'on
avait été obligé de s'en détourner pour éviter l'impétuosité
des vents; comme il ne fit pas mauvais les deux jours
suivants on parvint au banc des Anguilles le jeudi 15 janvier, sur les quatre heures du matin. Un matelot portant
ses regards de côté et d'autre découvrit la terre et se mit
à crier : terre, terre. Dans le moment les officiers coururent aux échelles, chacun monta le plus haut qu'il pût et
et ce fut à qui crierait : je la vois, je la vois; comme le
soleil paraissait on aspirait avec impatience l'heure de
prendre hauteur pour savoir à quelle distance on était de
la terre, les observations firent connaître qu'il y avait
environ quinze lieues de distance, c'était bien différent de
ce que les officiers s'imaginaient un moment auparavant,
car plusieurs disaient qu'on en était éloigné de plus
de soixante lieues; la raison d'une si grande erreur est que
le soleil ayant été trois jours sans paraître, on n'avait pas
pu prendre hauteur ni observer la variation. La première
chose qui se présenta à la vue quand on fut assez près de
terre pour pouvoir la distinguer aisément, car auparavant
on eut dit que c'était un nuage fort épais qui s'élevait sur
l'horizon, fut une montagne très aride dont la pointe
s'avançait dans la mer; on voyait bien que le soleil y dar-
dait continuellement ses rayons, car elle paraissait brûlée;
je m'informai s'il était possible à des hommes d'habiter un
tel pays, je fus fort surprise quand on me dit que oui,
mais plus encore quand on m'apprit quels en étaient les
habitants : ce sont des sauvages appelés Hottentots. Ils
sont d'une couleur rougeâtre, d'une taille ordinaire, mais
très maigres; des peaux de lions, de tigres et autres bêtes
féroces leur servent de vêtements. Ils les attachent à leur
col et les laissent pendre sur leurs épaules; ils en ont une
petite autour de la ceinture, le reste de leur corps est nu,
et ils se font un point d'honneur de ne se servir d'autres

peaux que de celles des animaux qu'ils tuent, il est vrai qu'ils ont bien tort, car dès qu'ils sont assez forts pour tirer de l'arc, ils vont combattre les bêtes féroces; la seule chose qui me causa de l'effroi fut la manière cruelle dont ils traitent tout homme blanc qui a le malheur de tomber entre leurs mains : après avoir dansé autour de lui, ils le tuent et tout de suite lui ouvrent la poitrine et en prennent le cœur qu'ils mangent et abandonnent le reste du corps aux animaux; cette description fit horreur à tous ceux qui l'entendirent; mais ce sentiment fit bientôt place à la joie qui régnait dans tout le vaisseau de se voir bientôt à terre. Avant d'y arriver, il fallait passer devant le cap des Aiguilles : c'est un endroit très périlleux, la pointe s'avance à plus de quatre lieues dans la mer de sorte qu'il faut s'en éloigner de beaucoup si on ne veut s'y échouer.

Le dimanche au soir les officiers conseillèrent au capitaine de ne pas tant s'approcher de terre et de tenir un peu plus la pleine mer afin d'éviter les écueils qu'offre ce dangereux passage; il avait déjà fait plusieurs fois ce voyage et s'imaginait connaître la route mieux que les autres et ne le voulut pas; cependant, voyant qu'on ne cessait de lui reprocher le danger qu'il voulait courir, il ordonna de gagner un peu le large, mais ce n'était pas autant qu'on le désirait, néanmoins, la plupart se couchèrent avec autant de gaîté que les jours précédents, il n'en fut pas ainsi de moi; j'avais été présente à la dispute que ces messieurs avaient eu touchant la route, l'inquiétude ne me permit pas de fermer la paupière. Le lendemain, 19 janvier, sur les quatre heures du matin, l'officier de quart vint tout effrayé avertir le capitaine qu'on se trouvait très près de terre et qu'on allait se jeter sur les brisants du cap des Aiguilles, il donna ordre de changer la manœuvre afin de donner plus d'aisance au vaisseau, d'arriver, s'il était possible; on changea les voiles de situation, mais il était trop tard; déjà, par trois fois, le vaisseau avait frappé de sa quille sur les rochers cachés sous les ondes et trois fois on avait été repoussé avec une extrême violence, en un moment le gouvernail est

emporté, la quille se brise et l'eau entre de toutes parts
dans la cale; à un tel désastre les matelots jettent des
cris qui portent l'effroi dans tous les cœurs, je me crus
à ma dernière heure et j'assemblai mes enfants pour prier
Dieu en attendant le sort qu'il lui plairait de nous envoyer;
je ne puis trop le remercier des grâces extraordinaires dont
il me favorisa, car je conservai dans ces affreux moments
un grand sang-froid et une tranquilité étonnante. Le
danger paraissait évident, je priai nos messieurs de ne me
le point cacher parce que je voulais faire baptiser ma
négresse qui n'était pas chrétienne, on me répondit que
si le vaisseau pouvait se lever de dessus les rochers il y
avait apparence de se sauver vu la beauté du temps qui
rendait la mer assez calme; effectivement, on trouva le
moyen de l'en retirer et l'on s'éloigna un peu en mer;
les dix pompes vont sans discontinuer et tout le monde
met la main à l'œuvre, mais inutiles efforts, l'eau gagne
de tous côtés et se fait jour à la Sainte-Barbe : quelle vue
pour des personnes qui, un instant auparavant, se voyaient
presque au moment de toucher au port; la plupart perdent
la tête, les officiers ne peuvent se faire entendre, les matelots ne veulent plus obéir, le capitaine lui-même, pénétré
de douleur, n'a plus la force de commander et partout on
n'entrevoit qu'une mort prochaine.

Il y avait parmi les passagers un capitaine très habile
dont le vaisseau avait été condamné aux Indes, il n'avait
voulu jusqu'ici rien prendre sur lui, et avait laissé faire les
officiers, mais voyant que le péril augmentait de plus en
plus et que personne ne songeait à la ressource qui restait
encore, il prend le commandement et coupant lui-même
le cable auquel était attachée l'ancre qu'on avait jetée à la
mer, ordonne qu'on fasse échouer le vaisseau sur le sable
dans une anse qui n'était pas éloignée; il fait mettre en
même temps le canot et la chaloupe à la mer et envoie
l'équipage du canot reconnaître un endroit propre à prendre
terre, pendant ce temps le vaisseau échoua, autre sujet
d'inquiétude; la secousse fut tellement plus forte qu'on ne
se l'était imaginée que plusieurs personnes furent renver-

sées et les coffres une seconde fois renversés; le vaisseau s'entrouvrit, l'eau entra dedans avec impétuosité et s'il n'eut pas été aussi grand qu'il était on aurait eu bien de la peine à s'échapper d'un aussi grand péril. Le capitaine qui avait déjà rendu de si grands services donna encore un conseil très salutaire, des sables mouvants sur lesquels avaient échoué le navire le faisaient rouler si prodigieusement qu'il était à craindre que les mâts, dont la pesanteur était extraordinaire, l'entraînassent tout à fait sur le côté. Ce capitaine dit donc qu'il fallait les couper, cela fut universellement approuvé; les officiers furent obligés de faire eux-mêmes cet office, les matelots n'ayant pas voulu s'en charger de crainte de périr; il est vrai que dans de pareilles circonstances la moindre corde peut vous renverser, nous venions d'en avoir un exemple dans un de nos matelots qui fut jeté à la mer par un même évènement, il en eut le bras cassé, mais on le sauva; enfin on prit toutes les précautions possibles; cependant on ne put empêcher que les mâts par leur pesanteur ne fissent extrêmement pencher le navire, ce qui alarma encore beaucoup après cette opération qui soulagea beaucoup le navire; l'officier qui avait été à la découverte s'approcha et dit qu'il avait trouvé un petit endroit assez commode pour mettre à terre, aussitôt on fit embarquer dans le canot les femmes et les enfants avec les infirmes, quelques Messieurs passagers y entrèrent aussi; on gagna promptement le large car tous voulaient y avoir place, plusieurs même se jetèrent à la mer pour attraper le canot, de sorte qu'il fallut l'épée à la main leur en défendre l'entrée; il y avait une demi-lieue du vaisseau à terre, nous l'abordâmes avec peine rapport à la quantité de rochers qui bordent cette côte, les lames nous abîmaient dans le canot, nous y étions pour ainsi dire à la nage, du reste il ne nous arriva aucun accident.

Les sables empêchaient le canot d'approcher d'une distance assez considérable pour nous autres, femmes; les matelots se présentèrent de la meilleure grâce du monde à nous tirer d'embarras, ils portèrent mes enfants sur leur dos et aidèrent aux autres le mieux qu'ils purent à gagner le rivage; comme l'état où j'étais exigeait plus de précautions, deux des plus grands hommes de l'équipage me portèrent sur leurs bras. Lorsque je fus à terre je n'aperçus point ma fille aînée, je m'imaginai que quelques vagues l'avaient jetée à la mer et j'en étais inconsolable; l'officier qui commandait le canot me dit que la précipitation avec laquelle il s'était embarqué était cause que ma petite ne se trouvait pas avec les autres et qu'elle serait restée à bord avec ma négresse qui me manquait aussi, qu'il allait partir dans le moment pour me les ramener et qu'elle pourrait être dans la chaloupe qu'il voyait prête d'arriver; quelle fut ma douleur de n'en voir sortir que deux de nos Messieurs, je leur demandai des nouvelles de ma fille, ils me dirent qu'ils l'avaient vue à bord, je leur fis de vifs reproches de ne pas me l'avoir amenée, ils s'excusèrent sur ce qu'ils avaient eu bien de la peine à se tirer d'affaire; je vis enfin revenir le canot, aussitôt que l'officier m'aperçut il prit l'enfant entre ses bras pour me la faire voir, il me raconta la peine qu'il avait eue à aborder le vaisseau parce qu'une foule de matelots voulaient se jeter dans le canot; pour éviter la confusion il prit sagement le parti d'aller à la poupe du vaisseau, on descendit ma fille avec une corde par la galerie et il embarqua autant de monde que le canot en pouvoit contenir; ma pauvre négresse voyant que la multitude l'empêchait d'approcher, eut le courage de se jeter à la mer chargée d'un paquet de quelques chemises que je lui avais dit de faire pour mes enfants et d'un sac de 100 piastres que j'avais mis à part pour me défrayer dans les relâches que nous aurions pu faire, le tout était attaché sur son dos avec une pièce de mouchoirs; elle savait nager mais cette pauvre fille n'eut pas résisté longtemps si le canot ne fut venu à sa rencontre, un homme la prit par les cheveux et la fit entrer dedans; oui, les termes me manquent pour exprimer la joie que j'eus de la revoir; nous mîmes notre petit bagage à sécher pendant que nous nous reposions.

Ceux qui étaient dans le vaisseau imploraient le secours divin, croyant à chaque instant être ensevelis sous les

ondes, car le navire enfonçait peu à peu ; la plupart avaient
fait des radeaux avec les mâts et les cordages, aimant mieux
être sur ces morceaux de bois ensemble que dans le navire ;
la chaloupe fit trois voyages et échoua au quatrième, quelques efforts qu'on fit pour l'en empêcher, le canot en fit
huit et à chaque fois il fallait se battre, tous voulaient s'y
jeter et l'officier était obligé de lever l'épée sur ces malheureux ; quelles réflexions (si l'on eut été en état d'en
faire), de se voir contraint à menacer de la mort des personnes en proie aux plus grands malheurs et qui faisaient
leurs efforts pour l'éviter.

Quand tout le monde fut à terre un des officiers s'étant
aperçu qu'on avait oublié les paquets de la Compagnie
retourna les chercher et ne les trouva qu'avec beaucoup
de peine, l'eau ayant gagné dans les chambres et inondant
tout le vaisseau, il eut en même temps la précaution de
faire embarquer un baril d'eau et quelques biscuits dont
on avait grand besoin car on en avait pas sauvé un seul
pendant le naufrage : c'est tout ce qu'on put retirer du
vaisseau.

Il nous dit qu'il avait trouvé trois hommes noyés dans
le navire, on n'en fut point surpris car ces misérables
étaient entrés dans les chambres pendant la confusion, ils
y trouvèrent des liqueurs et en burent à perdre connaissance ; il était environ 2 heures de l'après-midi quant tout
le monde fut assemblé sur le rivage ; la perspective n'offrait à nos yeux que des montagnes arides et sablonneuses
et pas un endroit où se mettre à l'abri des ardeurs du
soleil ; l'impatience qu'on avait de trouver quelques lieux
habités nous fit hâter un repas proportionné au peu de
vivres que nous avions, car à peine la moitié de l'équipage
pouvait-elle disposer d'un petit morceau de biscuit, encore
était-il imbibé d'eau de mer, la Providence y joignit un
porc qui s'était sauvé du vaisseau en nageant, il servit à
augmenter les vivres, mais c'était bien peu pour des personnes qui avaient tant fatigué et qui étaient en si grand
nombre ; on se reposa deux heures, après quoi on se mit
en marche, n'ayant pour guide qu'un sentier de charroi

qu'on avait découvert en cherchant de tous côtés, on ne discontinua pas de marcher depuis quatre heures jusqu'à huit heures du soir, on fit environ trois lieues et l'on était si fatigué qu'il aurait été impossible de passer outre. On avait été obligé de marcher par des montagnes couvertes d'épines et de petites roches, la plupart avaient les jambes écorchées; une plaine où l'herbe était très haute servit à passer la nuit; on fit du feu en différents endroits tant pour l'humidité qui était considérable que pour chasser les couleuvres que l'on entendait siffler de tous côtés; il fut résolu qu'un officier et onze matelots feraient la garde et seraient relevés d'un pareil nombre, d'heure en heure. Ces précautions prises, on dormit le mieux qu'on put, si c'est dormir que d'être à chaque instant réveillé par une troupe de canards sauvages qui étaient dans une mare d'eau de mer près de nous, outre cela les couleuvres par leurs sifflements épouvantèrent tout le monde, on ne savait où se mettre pour s'en garantir, c'est de cette façon que notre malheureuse troupe passa la nuit, ainsi que moi qui fit bon quart autour de mes enfants pendant leur sommeil.

Aussitôt que nous vîmes paraître l'aurore, malgré le peu de repos que l'on avait pris, on se remit en marche pour profiter de la fraîcheur; nos toilettes ne furent pas longues à faire, puisque la plupart ne possédaient que ce qu'ils avaient sur le corps, ainsi l'on partit. Aussitôt après avoir fait un demi-quart de lieue on trouva un ruisseau dont l'eau quoique bourbeuse nous fut d'un grand secours car depuis qu'on avait quitté le rivage on n'avait rencontré aucune source, la plupart regrettaient beaucoup de ne s'être pas munis de goblets pour se désaltérer plus aisément; je les tirai d'embarras et voici comment : l'espérance que l'on avait donnée de pouvoir sauver quelque chose du vaisseau quand l'équipage serait à terre, m'avait engagée à remplir une malle dans laquelle j'avais mis ce que j'avais d'argenterie excepté une écuelle couverte qui n'y avait pu entrer, je l'avais laissée dans ma chambre, ma négresse l'ayant aperçue, eut la présence d'esprit de la mettre dans son paquet, je m'étais aussi précautionnée d'un goblet de même métal que j'avais mis dans ma poche, l'un et l'autre nous furent d'une grande ressource; nous étions encore au bord du ruisseau lorsque, entre les montagnes, on entendit le bruit de quelques coups de fusil, le premier mouvement qu'on fit fut de se réunir et de se mettre en état de défense en cas d'attaque, ayant ensuite réfléchi, on balançait si l'on devait se faire connaître à ces Hollandais, car ce ne pouvait être que quelque détachement de cette nation, qui viennent dans ces contrées pour faire la guerre aux Hottentots; plusieurs officiers se détachèrent pour aller à eux, mais les autres ne furent pas de cet avis et ces messieurs, voyant que personne ne se mettait en devoir de les seconder, prirent le parti de revenir; ce ne fut pas la seule faute que l'on fit, on ne s'en aperçut que trop tard; on en avait fait la veille deux aussi considérables; la première qu'on avait faite était d'avoir quitté le rivage au lieu d'attendre que la mer eut jeté à terre le vaisseau et les provisions qui y étaient; la seconde, de n'avoir pas suivi le conseil d'un soldat qu'on avait embarqué pour passer en France pour y être jugé sur une affaire assez délicate; cet homme, après une heure de chemin, reconnut plusieurs montagnes qu'il avait autrefois parcourues, étant dans un parti hollandais; il nous dit que si nous voulions le suivre il nous procurerait une auberge qui n'était pas éloignée et que si nous ne suivions pas son conseil nous aurions beaucoup à souffrir; comme on craignait que cet homme n'eut quelque commerce avec les Hottentots et qu'il ne nous y livrât on ne voulut point se fier à lui, cette crainte était assez mal fondée; quand au soldat il s'enfuit et on n'en entendit plus parler. Nous continuâmes notre route pour chercher du remède à nos maux, la faim, la soif et la chaleur se faisaient sentir vivement, on fit deux lieues dans cette situation sans trouver le moindre ruisseau et sans aucune espérance d'en rencontrer si tôt, la plaine où nous étions paraissait avoir cinq ou six lieues de longueur et le sable y était en si grande abondance qu'on y enfonçait jusqu'à mi-jambes; dans de tels endroits il est rare de trouver de l'eau, cependant on en avait grand besoin ; c'est dans cette occasion que Dieu nous donna une preuve bien sensible de sa providence ; un chien barbet, appartenant à un matelot, courant çà et là pour tâcher de trouver quelque ruisseau pour étancher sa soif, revint au bout d'un instant retrouver son maître, en aboyant d'une force extraordinaire et retourna ensuite vers une montagne qui n'était pas éloignée, le matelot le suivit sans savoir ce que cela voulait dire, lorsque le chien fut près de la montagne il redoubla sa course jusqu'à un trou, le maître y courut et y trouva une source d'une eau très claire, il alluma du feu qui est le signal ordinaire dans de pareilles circonstances, aussitôt tout le monde courut à la montagne et la curiosité, soutenue par l'espérance, donna des forces pour y arriver, dès que l'on eut vu que c'était de l'eau on se livra à la joie et on oublia les maux passés, il faut se trouver dans de pareilles circonstances pour savoir le plaisir que cause ce breuvage naturel, on aurait bien voulu avoir quelque vase pour en emporter, cette précaution nous aurait épargné bien des peines ; comme le temps était précieux on partit tout de suite et on ne cessa de marcher jusqu'à huit heures du soir sans trouver la moindre chose à manger, il n'y avait pas de situation plus pénible pour une femme grosse et aussi incommodée que je l'étais ; nos messieurs faisaient à la vérité de leur mieux pour me soulager, un d'eux me donna une bougie qui se trouva par hasard dans sa poche, je la mangeai pour apaiser la faim qui me dévorait, un autre me fit présent de deux biscuits, je les partageai à mes enfants qui avaient un extrême besoin de prendre quelque nourriture, les matelots les portaient tour à tour, pour moi je marchai autant que mes forces me le purent permettre à l'aide de nos messieurs qui me donnaient le bras ; enfin ne pouvant plus me soutenir, j'engageai à force d'argent quelques matelots à me porter, on ne trouva pas pour cela d'autres expédients que celui d'arranger quelques fusils en forme de brancard et d'attacher au milieu une pièce de mouchoirs qui appartenait à ma négresse ; pour me servir de siège ;

mais tout cela ne pouvait me garantir de la faim et de
l'ardeur du soleil; tous aspiraient à la nuit afin de se
reposer, elle arriva enfin, on la passa avec plus de tran-
quillité que la précédente, n'ayant point eu de canards
sauvages pour voisins; elle nous fit reprendre des forces,
hélas! elles furent bientôt perdues, le jeudi matin nos
maux augmentèrent, la faim et la soif nous dévoraient;
des balles de fusil que l'on mettait dans la bouche la
rafraîchissait pour un moment mais ne nous rassasiaient
pas, nous étions la plupart à moitié morts, les uns dési-
raient avoir péri dans le naufrage, les autres s'abandon-
naient au désespoir le plus vif; pour moi j'étais pénétrée
de douleur de l'état pitoyable où étaient réduits mes pauvres enfants qui n'employaient le peu de forces qui leur
restait qu'à me demander du pain et de l'eau, leurs larmes
m'attendrissaient à tel point que les termes me manquent
pour l'exprimer et j'aurais donné ma vie de bon cœur
pour leur en procurer. J'étais en proie aux plus dures
réflexions, j'en faisais qui étaient très conformes à celles
de Senèque sur le mépris des richesses et j'aurais donné
tout ce que j'avais pour un morceau de pain. Ce fut le
vendredi matin que le Seigneur nous donna des preuves
de sa bonté, on entra dans une plaine parsemée de fleurs,
de violettes dont l'odeur était charmante, une jeune
négresse qui allaitait l'enfant d'une des dames passagères
dont j'ai parlé au commencement de ces mémoires, pressée
par la faim et par l'envie de sustenter son nourrisson qui
se mourait de besoin, elle s'avisa d'en manger, aussitôt
elle sentit son lait revenir et donna à téter à l'enfant; tout
le monde voyant l'heureux effet de cette nourriture se
hâta d'en manger, elle n'était pas aussi agréable au goût
qu'à l'odorat, mais la faim la fit trouver bonne, on en
mangea le plus qu'il fut possible, un peu plus loin, on
trouva des roseaux en assez grande quantité, ils servirent
à diminuer la soif qui se faisait vivement sentir.

Quelque temps après deux matelots aperçurent un nègre
qui se promenait dans la plaine, ils nous donnèrent avis
et coururent à lui; cet homme crut d'abord qu'on en vou-

lait à sa vie et qu'on le prenait pour un sauvage, il leur dit en portugais qu'il était libre et qu'il faisait commerce de poisson salé, qu'il ne pouvait revenir de sa surprise de voir tant de monde dans un lieu si désert; les matelots qui n'entendaient nullement le portugais ne pouvaient lui répondre; quelques-uns de nos messieurs arrivèrent dans ce moment, ils savaient assez bien cette langue, de sorte que, l'ayant rassuré sur ses craintes, on tira de lui tous les éclaircissements que nous pouvions désirer, il nous conduisit ensuite dans un bocage très agréable par sa fraîcheur, on voyait couler auprès, une fort belle rivière ou la plupart de l'équipage courut se précipiter pour s'y désaltérer et s'y rafraîchir, il y avait de la tortue dans ce lieu, on en prit un nombre suffisant pour le nombre de monde que nous étions; dès qu'elles furent un peu cuites on se jeta dessus et on les dévora avec des racines d'un goût exquis que notre noir nous avait été chercher. C'est ici que je devrais décrire les transports de joie que nous causa la vue et la jouissance de ces biens dont nous avions été privés depuis si longtemps, mais je n'ai point assez de talent pour entreprendre d'exprimer des sentiments aussi vifs. Aussitôt que nous fûmes rassasiés, les désirs dont le cœur humain est toujours insatiable nous fit souhaiter du pain, on demanda à notre libérateur s'il ne pouvait nous en procurer, il nous répondit qu'il avait de la farine et qu'il allait en chercher à son habitation; il revint sur les deux heures après-midi et nous en apporta trente livres, elle n'était point encore passée au tamis, les officiers voulurent en faire la distribution à l'équipage, mais cela ne fut pas possible, ce fut un tumulte épouvantable; il n'y avait plus de subordination, je pensai y être étouffée par la foule qui nous environnait; quelqu'un conseilla au capitaine d'en prendre pour l'état-major et d'abandonner le reste à l'équipage, ce qu'il fit et qui occasionna bien des batteries, chacun s'imaginant que son camarade en avait plus que lui; nous fîmes de cette farine des espèces de galettes que l'on fit cuire l'épée à la main pour empêcher qu'elles ne fussent volées ce fut en cette occasion que je reconnus la force de l'habitude, car quoique nous n'eussions pas besoin de manger et que ce pain fut fort mal fait, on en mangea avec un plaisir infini, malgré son mauvais goût et sa pesanteur; il semblait que nos pauvres enfants n'avaient rien mangé de si bon, si je n'y avais pris garde ils l'auraient avalé brûlant.

Notre noir nous quitta pour faire venir des voitures; sur les six heures nous le vîmes arriver avec quatre autres qui conduisaient deux grands chariots attelés de bœufs; comme cela ne suffisait pas pour tout le monde la plupart aimèrent mieux passer la nuit sur la verdure que de faire le chemin à pied.

Vous jugez bien que je fus du nombre de ceux qui s'en furent; il était très tard quand nous arrivâmes à l'habitation de notre conducteur; nous y trouvâmes deux femmes qui nous reçurent assez bien; nous n'entendions point leur langage; cependant on leur fit comprendre que nous avions besoin de nous reposer; après avoir mangé une soupe au lait qu'elles nous firent elles nous conduisirent, mes compagnes, mes enfants et moi, dans une espèce d'écurie pour y passer la nuit sur la paille. Le lendemain nos gens qui étaient restés dans le petit bois vinrent nous rejoindre; notre hôte avait fait faire du pain pendant la nuit, il avait tué quatre moutons qui en valaient bien huit d'Europe; on en mit à bouillir et à rôtir et nous fîmes un très ample repas; après quoi nous prîmes congé de nos hôtes vers les quatre heures du soir; comme on avait sauvé du vaisseau cinq ou six cents piastres nous nous trouvâmes en état de reconnaître les services qu'ils nous avaient rendus. Nous louâmes trois charriots et achetâmes un troupeau de moutons pour vivre sur la route qui nous restait encore à faire. Pour abréger le chemin nos guides nous firent passer par des montagnes presque impraticables; nos voitures n'étaient pas douces, notre chirurgien craignait fort que les cahots ne me fissent faire une fausse couche et c'est un miracle comme cela n'arriva pas; mais, grâce à Dieu, mon fruit ne se ressentit pas de mes fatigues que je soutins à merveille. Comme ces montagnes n'étaient point habitées nous fûmes obligés de passer cette nuit et les deux suivantes sur l'herbe; aussitôt que le jour paraissait, nous remontions dans nos voitures qui ne faisaient halte qu'aux environs de midi. Pour lors, on égorgeait des moutons et chacun faisait cuire comme il pouvait; après avoir donné à nos bœufs le temps de se reposer et de paître, nos conducteurs se servaient d'un sifflet pour les rappeler; ces animaux étaient si bien stylés, qu'aussitôt qu'ils l'entendaient, ils accouraient et venaient deux à deux présenter leur tête pour recevoir le joug avec une docilité admirable. Le dimanche matin nous descendîmes la dernière montagne qui était d'une hauteur prodigieuse et si rapide, que nous mîmes pied à terre pour la descendre. Le pied de cette montagne offrit à nos yeux une plaine charmante, il y avait des habitations où l'art avait secondé la nature; les habitants en étaient très affables et venaient en foule nous offrir leurs services, un d'entre eux nous engagea à venir se reposer chez lui et y prendre un repas, nous acceptâmes sa politesse; ce monsieur et son épouse parlaient français, ils prirent beaucoup de part à nos malheurs et nous firent l'accueil du monde le plus gracieux; nous n'eûmes pas le même bonheur dans la maison où nous passâmes la nuit : je ne sais si ce fut notre grand nombre qui fit peur à ceux qui y logeaient, mais aussitôt qu'ils virent que nous prenions le chemin de leur habitation, ils s'en allèrent tous et nous abandonnèrent la maison; nous n'y trouvâmes que très peu de pain et du lait que nous mangeâmes, après quoi chacun chercha un gîte pour passer la nuit. Le lundi fut employé à faire la route qui nous restait pour arriver au Cap de Bonne-Espérance. Nous entrâmes dans la ville sur les quatre heures du soir. Notre capitaine avait pris un cheval pour nous y devancer de quelque temps, afin de prévenir le gouverneur de notre naufrage et prendre avec lui les arrangements nécessaires à notre situation. Un officier nous arrêta au premier corps de garde par ordre du gouverneur pour écrire nos noms, après quoi il dit qu'il fallait se rendre à l'hôpital. Cet ordre déplut très fort à nos messieurs. L'officier s'en aperçut et leur dit que c'était seulement pour y prendre quelques rafraîchissements, qu'ensuite ils iraient où il leur plairait.

Notre capitaine qui avait fait plusieurs voyages au Cap connaissait le local du pays et y avait des amis.

Il vint au devant de nous pour nous conduire, les deux dames et moi, chez ceux qui voulurent bien nous loger. Ce fut chez le greffier du lieu que je pris ma pension, c'était un fort honnête homme, il parlait parfaitement le français, mais madame son épouse n'en savait pas un mot; cela me gênait beaucoup car j'avais besoin de plusieurs choses et je ne savais comment m'y prendre pour les avoir. Son mari était toujours si occupé que nous ne le voyions guère qu'aux heures des repas; heureusement pour moi mes deux compagnes de voyage vinrent me voir avec la dame chez laquelle elles étaient logées, elle parlait un peu français, je lui dis mon embarras, elle me promit de m'aider à faire mes emplettes et de me servir d'interprète dans les occasions où j'en aurais besoin; effectivement elle me rendit tous les services que je pouvais désirer.

Quelques jours après mon arrivée, il me vint beaucoup de visites qui m'embarrassaient d'autant plus qu'elles se bornaient à s'entre-regarder sans rien dire, car ces dames n'entendaient aucunement le français ni moi le hollandais; cependant je fus priée de plusieurs réunions où je m'ennuyais beaucoup, je n'ai jamais rien vu de si silencieux que ces assemblées, on n'y ouvre la bouche que pour prendre du thé et manger des confitures sèches, on en sert plusieurs fois dans l'après-midi, on n'y joue jamais et je crois que les cartes sont proscrites en ce pays; les femmes y sont en général très jolies et parfaitement bien faites, mais elles ont toutes de fort vilaines dents, ce que j'attribue à la quantité de confitures qu'elles mangent; j'ai remarqué que les hommes n'aiment pas la compagnie des femmes, dans les assemblées où je me suis trouvée ils y entraient seulement pour les saluer et puis passaient dans un autre appartement où ils s'amusaient à boire du thé et à fumer leur pipe. Je fus un jour priée d'un souper chez

un des premiers de la ville, tout ce qu'il y avait de mieux
y était; quand on nous fit passer dans la salle du festin
je fus fort surprise de n'y voir qu'une table qui pouvait
contenir la moitié des convives; je crus de bonne foi que
c'était une fête galante où les messieurs se font un plaisir
de servir les dames, je me faisais une idée agréable de ce
repas mais je fus bien dupe de ma façon de penser et mon
amour-propre fut un peu déconcerté, quand je vis tous les
messieurs se mettre à table sans nous faire la moindre
politesse. La dame du logis fit apporter de petites tables
où nous pouvions tenir trois ou quatre et chacune envoyait
son assiette à celui qui faisait les honneurs de la grande.
Après le repas un jeune capitaine anglais qui commandait un des vaisseaux de l'escadre de l'amiral Bookaven
qui avait relâché au Cap, vint me trouver et me dit avec
une agréable vivacité : « en vérité, madame, je vous plains
d'être obligée de vivre avec des gens assez grossiers pour
bannir de leur table ce qui en fait chez les autres nations
tout l'agrément, surtout en France »; il le savait bien
ayant été élevé à Paris où les usages sont bien différents;
je lui répondis qu'il fallait se conformer aux coutumes du
pays, que je les trouvais comme lui très ridicules, mais
qu'il était inutile de s'en fâcher et que j'avais pris le parti
d'en rire et de m'en amuser; je lui demandai ensuite s'il
comptait bientôt retourner en Angleterre; il me dit qu'il
était sur le point de partir; que je suis fâchée, lui dis-je,
que votre départ soit si précipité parce que j'aurais été
charmée de m'en retourner aussi, mais que cela ne se
pouvait ayant perdu mes hardes et qu'il me fallait du
temps pour me mettre en état d'entreprendre une si longue
traversée; « eh! bien, me dit-il, puisque vous ne pouvez
passer avec nous et que vous désirez votre retour, je vous
conseille de solliciter de bonne heure votre passage sur
un vaisseau de la Compagnie de Hollande qui est arrivé
depuis peu de Batavia et qui doit partir bientôt. »

Je profitai de son avis dès le lendemain et je fus en
parler au gouverneur; j'eus bien de la peine à obtenir mon
passage, il l'avait refusé à plusieurs personnes de l'équi-

page; je lui représentai que ma situation était bien différente, il en convint et m'accorda ma demande. J'avais avec
moi un de nos messieurs que j'avais engagé à m'accompagner; je demandai au gouverneur s'il ne pouvait pas faire
à ce monsieur la même grâce qu'il venait de m'accorder
et que j'espérais qu'il ne me refuserait pas la satisfaction
d'avoir avec moi une personne de connaissance pendant
le cours d'un voyage où je prévoyais bien des ennuis; il
me répondit avec beaucoup de politesse qu'il n'avait rien
à me refuser et que nous nous embarquerions tous deux;
après l'avoir remercié, nous fûmes de suite faire visite au
capitaine du vaisseau sur lequel nous devions passer; il
nous reçut assez froidement et ne vint point me rendre
ma visite, cela me fut de mauvaise augure; cependant, le
17 février, il me vint chercher de grand matin, pour me
conduire à bord; aussitôt que nous y fûmes on mit à la
voile. La rade du Cap est extrêmement mauvaise; les
montagnes qui l'environnent sont toutes accord et nous
pensâmes y périr, le vaisseau manqua d'arriver et courait
grand train vers une de ces montagnes; heureusement
qu'on avait mis sur le vaisseau vingt de nos meilleurs
matelots parce qu'il était faible d'équipage; ils aidèrent si
bien à nous tirer de ce mauvais pas que l'on en fut quitte
pour la peur. On m'avait prévenue d'embarquer quelques
provisions, parce que la Compagnie de Hollande ne fournit
de la viande et du pain qu'aux matelots et que, d'ailleurs,
les vaisseaux hollandais sont, pour l'ordinaire, assez mal
approvisionnés; j'achetai donc une caisse de vin de Bor-
deaux, parce que je ne pouvais m'accommoder des vins du
Cap, quoiqu'ils fussent excellents, ils ne sont bons que
pour le dessert, je fis aussi provision de beurre et de biscuit; le Monsieur qui passait avec moi avait aussi de son
côté acheté quelque chose; nous eûmes bientôt lieu de
nous féliciter de notre précaution, car les vivres des Hollandais étaient apprêtés d'une façon si dégoûtante que nous
sortions souvent de table sans avoir mangé autre chose
que notre pain. Cette nation ne se pique pas de se faire
servir proprement, une nappe reste ordinairement trois

mois sur leur table; ils mettent dessus, à côté de leur assiette ce qu'ils ne peuvent manger, comme les os et les arêtes de poisson; il n'y avait que le capitaine à se servir de serviette; les officiers après leur repas tiraient de leur poche un morceau d'étoupe et s'en essuyaient la bouche et les mains et ensuite se faisaient apporter leur pipe; cela me surprenait d'autant plus qu'aucune nation n'entretient ses vaisseaux et sa maison avec autant de propreté que celle-là; il ne m'est pas possible de rapporter tout ce que j'ai eu à souffrir de leur grossièreté pendant plus de trois mois et demi que dura la traversée, vous en allez juger par ce que je vais rapporter : dans la grande chambre, la table était sur le gaillard, il y avait au-dessus un petit tendelet qui ne nous garantissait que du vent et de la pluie, le fauteuil du capitaine était au bout de la table, pour nous autres c'était sur des bancs que nous étions assis; un jour, je pris la liberté de m'asseoir dans ce fauteuil pour travailler plus à mon aise au petit linge de l'enfant que je portais, ma chambre était si petite que je ne pouvais y descendre que pour me coucher et j'étais si occupée que je ne m'aperçus pas que l'on avait servi et que chacun prenait sa place, le capitaine me donna un coup sur l'épaule en me disant, ho! madame! c'était tout ce qu'il savait de français, car il y aurait ajouté : levez-vous et allez à votre place, mais il me l'indiquait du doigt; ce signe, plus intelligible que son langage, me fit prier l'officier Français de m'aider à me lever; je ne pouvais faire un pas sans le secours de quelqu'un; ma grossesse était bien avancée et j'étais fort incommodée, le pauvre Monsieur pâtissait beaucoup de voir que ces brutaux n'eussent pas plus d'égards pour ma situation. Il lui arriva aussi une aventure qui pensa avoir des suites fâcheuses; étant un jour à jouer aux dames avec le chirurgien, le second capitaine qui était à les voir jouer, s'ennuya apparemment de la longueur de la partie et cracha sur les dames, les joueurs demeurèrent si étourdis d'un procédé si indigne que ce coquin eût le temps de s'évader, ils se levèrent cependant pour courir après lui, je vis mon Français entrer dans sa chambre pour prendre son épée, il était dans une colère affreuse; j'avais bien de la peine à le retenir, pendant que j'y faisais tous mes efforts, le capitaine arriva avec un mousse qui parlait français, il fit dire par ce mousse que s'il était assez hardi pour mettre la main sur son second il le ferait jeter à la mer; je vis l'autre pâlir et si hors de lui que, craignant qu'il n'éclatât, je feignis d'avoir affaire à ma chambre et je lui pris le bras pour m'y conduire, enfin, après bien des discours, je lui fis promettre de rester tranquille; il n'en fut pas de même du chirurgien, il fut trouver le second qui s'était caché dans l'entrepont et lui distribua plusieurs coups de poing pour le corriger, à ce qu'il nous dit après, de son impolitesse.

Le chirurgien était Allemand et fort honnête homme, il avait mille attentions pour moi et pour mes enfants; nous causions souvent ensemble par le moyen du petit mousse qui parlait fort bien nos deux langues, il nous témoignait la peine qu'il ressentait des mauvaises façons que l'on avait pour nous; il faisait ce qu'il pouvait pour adoucir notre sort; nous avions eu un temps favorable jusqu'à la Manche, mais à peine y fûmes-nous, que nous essuyâmes pendant huit jours des coups de vent si terribles, que jamais je n'avais vu la mer si terrible et si affreuse, il me semblait que nous allions être engloutis dans les abîmes qu'elle ouvrait de tous côtés; je fus obligée de rester au lit tout le temps que la tempête dura par rapport au roulis qui était si terrible qu'à peine pouvais-je m'y tenir, la fatigue que j'essuyai me fit accoucher trois semaines plus tôt que je ne comptais, ce fut le 24 mai que le chirurgien me délivra fort heureusement d'un garçon et d'une fille, je les fis ondoyer tout de suite de crainte qu'il ne leur arriva accident, j'étais dépourvue de tout ce qui m'était nécessaire en pareil cas; je n'avais presque plus de linge blanc et pas un morceau de viande fraîche, ni de volaille; il n'y avait plus dans le vaisseau que de mauvaise viande salée que l'équipage avait bien de la peine à manger; pour comble de chagrin je ne pouvais nourrir mes enfants, je n'avais point de lait, jugez de ma douleur; tout

ce que l'on fit pour m'en faire venir fut inutile, enfin, je
m'abandonnai à la Providence et je priai le Seigneur de
me faire la grâce de supporter mes peines avec courage;
j'avoue que j'appréhendais quelquefois d'y succomber non
par rapport à moi, mais je sentais que mes pauvres
enfants m'attachaient à la vie; hélas! que seraient-ils devenus si Dieu ne m'avait pas donné la force de résister à tant
de misères.

A la fin, je m'avisai de nourrir mes nouveau-nés avec
de l'eau de riz, car de leur donner toujours du vin cela les
aurait trop échauffés. Je leur continuai cette nourriture
jusqu'à mon arrivée en Hollande. Nous mouillâmes à
Estay le 10 juin. On vint signifier au capitaine un ordre
de la Cour qui portait qu'il eût à retenir son équipage pour
aider à la décharge du vaisseau; cet ordre qui était nouveau révolta tous les matelots, ils ne voulurent point s'y
soumettre; on les menaça vainement, s'ils ne se rendaient
à l'ordre du prince, de les punir sévèrement, ils répondirent en gens déterminés qu'ils s'en moquaient, celui
qui était venu apporter l'ordre, dit qu'il allait chercher
des soldats pour les réduire; à ces mots ils devinrent
furieux et lui répondirent qu'ils le couleraient à coups de
canon et puis lèveraient l'ancre; le mousse dont j'ai déjà
parlé qui nous expliquait ce que ces misérables disaient,
nous assura qu'ils étaient assez instruits pour le faire,
qu'on juge de mon inquiétude pendant tous ces débats;
le capitaine ne voulut jamais me laisser aller à terre malgré toutes mes instances, il empêchait les bateaux d'approcher du vaisseau de peur que ses gens n'eussent décampé.
Quelle douleur pour moi de voir mes enfants prêts à périr
faute du secours que j'aurais été à même de leur procurer
si l'entêtement de cet homme ne s'y fut opposé. Je fus
plus sensible à ce contretemps qu'à tous les chagrins que
j'avais essuyés; enfin, quatre jours après, il vint un Monsieur de la plus haute considération pour calmer l'équipage et les ranger à leur devoir. J'appris qu'il parlait
français; je fus le trouver pour me plaindre de la barbarie
du capitaine qui me retenait malgré moi; ma situation

était touchante. Je la lui peignis sous les plus vives couleurs et je lui fis voir mes enfants, cette vue l'attendrit, il blâma beaucoup la conduite du capitaine à mon égard; il me dit de me tenir prête et qu'il allait envoyer un de ses gens me chercher une barque pour descendre la rivière jusqu'à Rotterdam. Quand je fus sur le point de quitter le vaisseau, le capitaine me fit beaucoup d'excuses et me pria de ne lui pas nuire, parce que je l'avais plusieurs fois menacé de me plaindre, quand je serais à terre, des mauvaises façons qu'il avait eues pour les Français; je le lui promis; je lui dis qu'il pouvait être tranquille; j'envoyai ensuite chercher le chirurgien pour le remercier de ses attentions, il me restait encore douze piastres dans ma bourse, je la lui présentai et le priai de l'accepter comme une petite preuve de ma reconnaissance; jamais il ne voulut l'accepter et me fit dire qu'il se trouvait bien heureux de m'avoir été utile; lorsque la barque fut arrivée, nous nous embarquâmes et nous arrivâmes le lendemain à sept heures à Rotterdam.

On y savait déjà nos aventures; il entra beaucoup de monde dans notre barque pour nous voir : parmi le nombre il y avait une femme qui allaitait son enfant qui, me voyant donner de l'eau de riz aux miens, en fut si touchée, qu'elle me pria de les lui donner pour en avoir soin pendant le séjour que je ferais en Hollande; le patron de la barque me voyant hésiter me dit qu'ils ne pouvaient être en meilleures mains. Ces pauvres petits avaient grand besoin d'un secours offert avec tant de zèle, car je ne crois pas qu'ils eussent passé la journée si cette charitable nourrice ne se fut présentée; je dis charitable, parce qu'elle n'était guidée par aucun motif d'intérêt puisque j'étais alors un tableau de pure misère; mon compagnon d'infortune était allé chez le consul français pour le prier de nous indiquer un logement; pendant son absence je reçus la visite d'un Français réfugié, qui venait d'apprendre nos malheurs et s'attendrissait sur mon sort jusqu'aux larmes, il prit part à mes peines et me fit des offres de services si pressants que les circonstances où je me trouvais me les

firent accepter. Je lui dis que j'étais dans ce pays comme
tombée des nues, je n'y connaissais ni n'y étais connue de
personne et que je ne savais encore où aller loger :
eh! bien, me dit-il, je vais y pourvoir. Je le priai de faire
en sorte de me mettre chez des personnes qui parlassent
français; il me le promit et me quitta en m'assurant qu'il
ne tarderait pas à nous venir chercher. Effectivement, une
demi-heure après, il revint avec des domestiques qu'il avait
eu la précaution d'amener pour prendre mes enfants et
mes bagages. Mon compagnon qui m'avait quitté pour
aller chez le consul ne l'ayant point trouvé, revint, et je lui
racontai l'heureuse aventure qui venait de m'arriver; il en
fut charmé parce qu'il était, ainsi que moi, bien embarrassé. Nous descendîmes de la barque et notre bienfaiteur
nous conduisit à l'hôtel du Petit-Maréchal-de-Turenne ou
nous fûmes accompagnés de toute la populace de Rotterdam: ces gens-là s'imaginaient, je pense, voir un phénomène; aussitôt que nous y fûmes arrivés, notre conducteur
me dit que j'avais besoin de repos; il dit à l'hôtesse de me
faire préparer un lit et, après m'avoir bien recommandée
à elle et à son mari, il prit congé de nous en nous disant
qu'il nous amènerait bonne compagnie l'après-midi. J'étais
si fatiguée que je ne demandais pas mieux que de rester
quelques heures tranquille. Après avoir fait mettre mes
enfants au lit, je passai dans ma chambre, l'hôtesse m'y
suivit, je liai conversation avec elle pour faire connaissance; elle m'apprit que son mari et elle étaient catholi-
ques; je lui demandai si elle connaissait le Monsieur qui
m'avait amené chez elle, elle me répondit que oui, que
c'était un des fameux négociants de cette ville et très honnête homme, que l'on estimait beaucoup, ainsi que Madame
son épouse qui était fort aimable. Mais, à propos, reprit-
elle, vous savez que l'on m'a dit d'avoir soin de vous, il
faut vous coucher, vous êtes fatiguée, elle me fit prendre
un bouillon et puis se retira. Je dormis jusqu'à deux
heures de l'après-midi. Mon bienfaiteur me tint parole et
vint me voir avec son épouse et deux autres Messieurs qui
avaient aussi amené les leurs; il me les annonça comme ses

meilleurs amis. Il leur avait raconté mes malheurs et ils me dirent tous qu'ils en étaient très touchés et qu'ils venaient pour tâcher de me les faire oublier; ils firent un arrangement entre eux qui était que les dames viendraient passer la matinée avec moi tous les jours, que j'irais dîner chez l'une d'elle où l'on se rassemblerait tous pour passer les après-dîner; pouvait-on rien voir de si obligeant, j'en étais pénétrée de reconnaissance. J'avais vécu si longtemps avec des gens sans politesse que j'étais enchantée de trouver dans une aussi aimable société du soulagement à mes peines. J'ai oublié de dire qu'un petit mousse qui était de l'équipage du *Centaure*, était venu à terre avec moi et m'avait prié de le prendre à mon service jusqu'à mon arrivée à Saint-Malô d'où il était. Ce pauvre malheureux ne savait où donner de la tête, il ne manquait pas d'esprit, je lui dis que je voulais bien et lorsque la nourrice se chargea de mes enfants j'envoyai, mon nouveau domestique avec elle, pour savoir le lieu de sa demeure; le hasard voulut que sa demeure ne fut pas éloignée de l'hôtel où j'étais descendue. Le lendemain, les dames vinrent comme elles me l'avaient promis; je leur proposai de venir voir mes jumeaux, elles acceptèrent la partie; mon compagnon de voyage qui y avait déjà été nous y conduisit; je fus charmée des attentions que cette nourrice avait pour mes enfants; elle me dit que, quoiqu'ils fussent bien faibles, elle espérait que je verrais en peu de temps un heureux changement. Je m'en retournai très satisfaite de l'espérance qu'elle me donnait. Nous fûmes ensuite dîner chez notre bienfaiteur, il avait engagé plusieurs personnes de qui je reçus mille politesses; enfin je passai trois semaines en Hollande avec tout l'agrément possible.

Il n'y avait pas moyen de penser de venir en France par terre avec six enfants, c'est pourquoi je profitai d'un vaisseau qui était frété pour Guernesey; je me trouvais tous les jours avec le fils d'un négociant de cette île à qui ce navire était adressé, il me dit qu'il écrivait à son père et qu'il se flattait que je serais aussi bien reçue en son pays que je l'avais été en Hollande. Je fis tout ce que je pus pour emmener une nourrice avec moi; aucune ne voulut passer en France, celle qui nourrissait mes jumeaux était une femme aisée, elle avait une boutique, je n'osais le lui proposer, cependant elle me dit qu'elle avait prié son mari de la laisser venir avec moi, mais qu'il avait refusé.

Je résolus d'acheter une chèvre pour allaiter mes petits. Lorsque je m'embarquai, tous les honnêtes gens, qui m'avaient fait un accueil si gracieux, vinrent me conduire à bord du vaisseau et ne nous quittèrent que lorsqu'on mit à la voile. Mon aimable nourrice fondait en larmes; elle me fit mille instances pour lui laisser mes enfants, son mari m'en pria aussi et me dit qu'il se chargeait de me les amener lui-même quand ils seraient en état, leur bonté m'enchantait, je les remerciai et leur promis de leur donner de mes nouvelles quand je serais en France.

Le moment de partir arriva; cette séparation ne se fit point sans répandre des larmes; comme le temps était très favorable, trois jours après, nous arrivâmes à Guernesey : j'y fus reçue le plus obligeamment du monde par la famille du Monsieur que j'avais vu à Rotterdam; ils me prièrent instamment de passer quelque temps chez eux, mais je n'y séjournai que trois jours, car, plus j'approchais de ma patrie, plus je sentais renaître l'envie que j'avais de la revoir; enfin, je frétai une barque pour aller à Saint-Malô où nous arrivâmes heureusement le 8 juillet 1850.

Le manuscrit de ce récit est entre les mains de M. Charil des Masures, mon cousin, au château des Masures (Ille-et-Vilaine). Il a eu la bonté de m'en envoyer copie.

9 782014 112597